Inhalt

Peter Felixberger
Armin Nassehi

Deutschland. Ein Drehbuch

kursbuch.edition

Intro / Das Drehbuch zum Drehbuch

Es sei kaum auszuhalten. Kaum komme man noch zur Ruhe, weil stets nur Unerwartetes passiere, alles infrage gestellt und alles neu werde. Die Überraschung sei die Regelmäßigkeit unserer Zeit, Beschleunigung der Index unseres Verhaltens. Das ist die Geschichte, die wir uns über uns erzählen und in der wir uns so abbilden, als lebten wir inzwischen alle wie die männlich heldischen Erfolgsmenschen, die sich den täglichen Herausforderungen selbstkontrolliert stellen und sie ebenso bestehen. Zur Ruhe kommen, ein wenig Regelmäßigkeit ein- und Inseln des Erwartbaren aufbauen – jede Art von Entlastungsstrategie muss mit viel Aufwand organisiert und mit viel Geld entgolten werden. Unsere Geschichte hört sich an, als müssten wir, die schnellen Überraschungsagenten, uns immer noch gegen den kontinuierlichen Fluss der Zeit früherer Welten behaupten, in denen sich angeblich kaum etwas veränderte und die uns aus heutiger Sicht wie stationäre Einheiten erscheinen. Nicht nur der Kritikstil der Post-68er-Generation ist zur Marke geworden, die bereits zur Traditionsbildung taugt und biedermeierliche Formen angenommen hat. Auch die beleidigten Kleinbürger, die die Kritikpose der Früheren in Form von Pegida und durch Protestparteigründung aufgenommen haben, gefallen sich als Widerständler gegen das Überraschende, gegen das Neue. Sie gerieren sich als Anti-Establishment – gegen das Establishment des Pluralismus und der Veränderung. Sie sind empört über die Unverschämtheit des Neuen, darüber, dass sich die Leute nicht ihrer Herkunft gemäß verhalten, sondern unbotmäßig Ansprüche stellen, vor allem Ansprüche auf andere Beschreibungen als die altbekannten.

Sie beklagen also, dass sie nicht mehr die Paramount-Version gesellschaftlicher Selbstbeschreibungen liefern dürfen und wehren sich in ihrem Neo-Biedermeier gegen alles, was zuvor gerade eben geduldet wurde: dass Männer keine richtigen Männer mehr sind, Frauen aber schon, dass Einwanderer sich als Leute mit Ansprüchen herausstellen und ihnen grundlegende Rechte zukommen, dass der Stolz auf die eigene industrielle Produktivität sich nicht einmal in einer eigenen kruppstahlharten Währung niederschlägt und das Eigene lieber protektionistisch – kulturell, finanziell, industriell, milieumäßig – gegen das Fremde abgeschottet wird. Es ist ihnen tatsächlich alles zu schnell und alles zu überraschend. Sie kommen nicht mehr mit (und wollen es auch nicht).

Wenn schon unter dem Getriebe der Welt leiden – alles neu, alles unkalkulierbar, nichts wirklich erwartbar, die Welt spricht nicht mehr zu uns –, dann also wenigstens programmatisch. Die Sehnsucht nach dem Erwartbaren und nach Ordnung und wechselseitiger Zugehörigkeit, die Sehnsucht also nach Prinzipien der alten Welt, findet sich nicht nur bei den beleidigten Kleinbürgern, die sich in ihrem stationären Denken und in der angsthasigen Selbstvergewisserung von keiner der sogenannten etablierten Parteien mehr repräsentiert fühlen. Diese Sehnsucht findet sich auch bei denen, die auf der Seite der Guten, derer, die im Licht stehen, normativ erhaben, im Zweifel links und zugleich von keinem Zweifel auch nur angekränkelt sind. An den neuesten Vertretern der kritischen Theorie, der linksliberalen Avantgarde mit ihren zum Teil ziemlich selbstgerechten Positionen kann man eine analoge Form des Beleidigtseins studieren. Wir wollen nur einen stellvertretend nennen, der bekannt geworden ist als Diagnostiker der großen, kaum aufzuhaltenden Beschleunigung der Moderne – und übrigens eine in weiten Teilen zutreffende Diagnose geliefert hat, die ebenso erfolgreich wie übersetzbar ist in die kleinen Leben derer, die die schöne Ruhe der alten Welt verloren haben. Dieser Diagnostiker hat inzwischen ein Therapeutikum entdeckt, das er »Resonanz« nennt. Die Welt spreche nicht mehr zu uns, es gebe keinen gemeinsamen Resonanzboden, dabei gelinge das gute Leben nur dann, wenn es zu so etwas wie synchronen Schwingungen von Ich und Welt kommt, wenn der andere und das andere mir nicht mehr fremd sind, sondern sich mir »gütig« zuneigen, was im »Kapitalismus« – wo auch sonst? – eben nicht möglich sei. Er extrapoliert plausible Beispiele – das Hören eines Musikstücks, die Naturerfahrung, ein gutes Gespräch, also Beschäftigungen des wohlsituierten Bürgers mit Zugang zur romantischen Literatur im eigenen Bücherschrank – auf größere, unpersönliche Ordnungen. Auch die Politik soll sprechender werden, und Arbeit ihre Entfremdungspotenziale loswerden. Diese biedermeierliche Abwehr gegen die Entzweiungen der Moderne feiert hier fröhliche Urständ. Gar als Basis einer neuen »Kritischen Theorie« soll dies dienen – wohl weil sich Entfremdung so gut auf Kapitalismus reimt und ihre Kritik auf Kapitalismuskritik.

Das könnte ein weiterer Hinweis darauf sein, wie weit die Welt inzwischen von den Grunderfahrungen solcher intellektueller Rekonstruktion entfernt ist – womöglich ähnlich weit wie diejenige jener Angsthasen, die eine übersichtliche Welt imaginieren, deren Existenz erst aufscheint, seit es sie nie gegeben hat.

Wir bekennen: Das ist überzeichnet – aber wir bekennen auch: nur ein wenig. Erklären lassen sich solche Denkungsarten nur dadurch, dass selbst in den reflexionsstarken Mittelschichten die nicht lineare Welt der Überraschungen und des stets Neuen bedrohlich wirkt – vor allem die Welt der unpersönlichen Ordnungsbildung und die moderne befreiende Erfahrung, dass wir in den meisten Fällen darauf verzichten können, Resonanz zu erwarten. In diesem Milieu kann man Erstaunliches kombinieren: Man kann Profiteur einer hochdifferenzierten Gesellschaft mit stark entkoppelten Aufgaben und wenig Resonanzansprüchen sein und sich zugleich als Kritiker dieser Entkoppelungen gerieren. Denn nur diese Entkoppelung erlaubt es, auf eine Empirie der sie umgebenden Gesellschaft weitgehend zu verzichten.

Wenige Überraschungen in einer überraschenden Welt

Nun wollen wir nicht das Neue gegen diese Widerstände verklären, das wäre genauso naiv wie einige dieser Widerstände. Wir wollen auch nicht so tun, als sei manche Kritik an dieser Unübersichtlichkeit moderner Lebensformen nicht berechtigt. Darum geht es uns gar nicht. Uns geht es um eine ganz andere Beobachtung: *Wir finden kaum mehr Überraschungen*. Es stimmt, dass die Welt schneller geworden ist, komplexer. Es stimmt auch, dass man oft nicht genau weiß, wer die Guten und wer die Bösen sind, und dass sich kaum mehr etwas mit den einfachen Mitteln der kausalen Einflussnahme verändern lässt. Auch ist richtig, dass diese Gesellschaft tatsächlich unübersichtlicher geworden ist und die üblichen Chiffren nicht mehr passen, um sich einen Reim darauf zu machen.

Was wir also sagen wollen: Wir verschließen gar nicht die Augen davor, dass die Moderne anstrengend ist – ein Motiv, das immer wieder auftaucht, wenn es darum geht, die Zeitläufte auf den Begriff zu bringen. Der Begründer der Psychoanalyse hat das schon in den 1920er-Jahren auf den Begriff gebracht: Die Distanz zwischen Ich und Welt ist so groß, dass diese letztlich nur durch das Bekenntnis eines abstrakten Allgemeinen und die Bereitschaft, sich diesem zu unterwerfen, kompensiert und so das Unbehagen wenigstens temporär besänftigt werden kann. Wer das Anstrengende an der Moderne leugnet, ist ein Scharlatan, und wer dafür einfache Lösungen vorschlägt, erst recht – ihm geht es um ganz andere Kompensationsformen.

Das alles wissend, stoßen wir freilich auf etwas Merkwürdiges. Wir hatten vor, gemeinsam ein Buch darüber zu schreiben, wie die öffentliche Kommunikation derzeit funktioniert, wie sich Themen ordnen, was öffentliche Diskurse überhaupt vermögen, wie und wodurch eine gemeinsame Welt hergestellt wird, wie darin Diskurse, womöglich sogar öffentliche Lernprozesse entstehen oder auch behindert werden. Wir wollten in einem Medienbuch ausloten, wie eine Gesellschaft modernen Typs im Medium ihrer Medien sich ihrer selbst vergewissert und wie die Medien selbst sich darin verändern – in ihren Kanälen, ihren Trägern, in der Erreichbarkeit ihrer Nutzer und nicht zuletzt bezüglich sich verändernder ökonomischer Bedingungen für die Wissensdistribution.

Die Idee war, den »Strukturwandel der Öffentlichkeit« gewissermaßen fortzuschreiben – jenen Strukturwandel, in dem erst mit der Entstehung moderner Staatsverbände und mit dem

Buchdruck nicht nur die Verbreitung von Informationen möglich wurde, sondern auch eine öffentliche Kommunikation über kollektiv wirksame und relevante Fragen gestritten wurde. *Strukturwandel der Öffentlichkeit* ist der Titel einer sehr wirkungsvollen Studie vom Beginn der 1960er-Jahre, die nachgezeichnet hat, wie sich aus den Salons der bürgerlichen Gesellschaft bis hin zu frei diskutierenden Öffentlichkeiten liberaler Demokratien mediale Formen entwickelt haben, die inzwischen große öffentliche Räume weniger zusammenführen, sondern eher fragmentieren, weil alle alles in allen möglichen Formaten sagen können und damit Informationswerte verschwinden. Unsere erste Intuition war so etwas wie eine Tribalisierungsdiagnose, die womöglich ein Trivialwerden des gesamten öffentlichen Diskurses aufspürt. Immerhin sind wir beide gemeinsam Herausgeber einer Kulturzeitschrift, die sich mit dem altmodischen Format des ausführlich argumentierenden Textes in die Öffentlichkeit wagt und deren spirituelle Verfassung einem *credo quia absurdum* gleicht.

Wir wussten selbst nicht genau, wo uns diese Grundintuition hinführen sollte, bis wir nach genauerer Betrachtung auf einen merkwürdigen Befund stießen: Der öffentliche Durchlauferhitzer bringt sehr vieles, sehr Unterschiedliches auf Betriebstemperatur und muss nach der Logik der Medien, die vor allem das Halten der Aufmerksamkeitsschwelle einfordert, immer wieder neue Informationen erzeugen.

Nun zeichnet sich eine Information bekanntlich dadurch aus, dass sie sich unterscheidet. Was keinen Unterschied macht, ist keine Meldung, und was keine Meldung ist, ist auch nicht öffentlichkeitsfähig, denn wer sollte seine Alltagsroutine unterbrechen, um etwas wahrzunehmen, was schon da war. *Breaking news* sind genau genommen ein Pleonasmus – *breaking* produziert schon *news*, und *news* müssen *breaking* sein, sonst sind sie keine. Wobei wir natürlich wissen, dass die hier gemeinten besondere *news* sind – oder besonders *breaking*? Wie auch immer – eine so überraschende, beschleunigte, komplexe, unübersichtliche, unkalkulierbare Welt müsste uns mit immer Neuem versorgen – und damit zwangsläufig zur Unübersichtlichkeit beitragen. Wohl nicht ganz zufällig nahmen die politischen Agenten der Angsthasen mit als eine der ersten Adressaten die »Lügenpresse« ins Visier, sicher auch deswegen, weil sich in den Medien die ganze Widersprüchlichkeit und das Anstrengende der Moderne abbildet. Sie hätten es eben so gerne, dass in der Zeitung steht, was sie schon vorher wussten. Es wären dann zwar keine *news*, aber alles wäre eben auch nicht so *breaking*.

Gleichzeitig zeichnet sich eine technologische Anpassung der Medien ab, in der die digitalen Medien nicht mehr nur nach *breaking news* fragen, sondern darüber hinaus nach der Rekombinierbarkeit ihrer Reaktionen und Reflexe. Die Inhalte werden ständig belebt, Interaktion und Assoziation vervielfältigen sich, Remix und Refill von Content sind unbegrenzt. Die Einbahnstraßen-Senderwelt von früher ist vom Aussterben bedroht. Deshalb regieren heute Suchmaschinen in jedweder Größe. Sie zähmen (scheinbar) die überbordende Fülle. Längst ist die Suchmaschine zur alles beherrschenden und kontrollierenden Medienarchitektur geworden mit einer Statik aus ständiger Interaktion und Assoziation. Wissen, Meinung, Tagesaktualität, Gedankensplitter und Theorie verbreien, ohne je Form anzunehmen in einem vorläufigen Ergebnis geschweige denn Ende. Alles, was gedacht und diskutiert wird, ist Anfang und Ende zugleich – ein Paradoxon, das Aktionismus auslöst, auslösen muss: Es wird remixt, recycelt und rebrandet. Jede Authentizität verliert sich – und wird oft dennoch im Modus der Authentizität vorgetragen. Alles passiert gleichzeitig und nicht. Denn die Suchmaschine fragt nicht nach intellektueller Tiefe, sondern nach dem beliebigen »quick and dirty«. Sie giert nach schnell wirkenden Contentdrogen. Dann entspannt sich die Suchmaschine und blubbert synchron mit dem Datenbrei. Ohne Unterlass. Im Hintergrund dramatisieren, skandalisieren und bewerten selbst ernannte Co-Autoren das Weltgeschehen.

Die Tragik dabei ist: In den Zeitungen steht tatsächlich nur noch das, was wir schon immer wussten oder was die Suchmaschine längst verdaut und ausgeschieden hat. Und damit wollen wir – ganz nebenbei – nicht den Vorwurf der »Lügenpresse« wiederholen. Wie gesagt: *Wir finden kaum mehr Überraschungen.* In der öffentlichen Kommunikation scheinen vielmehr nachgerade rituelle Formen der Wiederholung stattzufinden, erwartbare Skripte für Reaktionen umherzuflattern, lassen sich die Konfliktlinien leicht rekonstruieren und stabilisieren sich schnell.

Noch einmal: Die Welt ist tatsächlich schneller, bunter und unübersichtlicher geworden. Wir gehen förmlich unter in der täglich reißender werdenden Medien- und Informationsflut. Jede anständige Kulturkritik heute findet in solchen oder ähnlichen Aussagen ihren Auftakt und muss doch insgeheim zugeben, dass kaum mehr etwas Überraschendes passiert im öffentlichen Raum. Das meiste, was passiert, ist im Moment des Geschehens bereits Schnee von gestern. Alles, was besprochen wird, ist längst bekannt. Wir lesen nur noch, was wir schon immer wussten. Das Neue ist alt.

Dieser Befund schien uns Grund genug, die Mechanik öffentlicher Diskurse und zentraler Debatten und die Macht der dazugehörigen Drehbücher und Skripte einmal freizulegen, die (mehr oder weniger aufwendig inszenierten) Rituale, Reflexe und Tiefenschärfungen als solche nachzuzeichnen. Namen von Akteuren spielen dabei keine Rolle mehr. Jeder erfüllt seine Funktion im Diskurs. Das wirft Fragen auf, die wir in sechs Kapiteln zu beantworten versuchen: Aus welchen intellektuellen Quellen speisen sich die einzelnen Rollen? Wann und wie erfüllen sie ihre Aufgabe in der Kaskade öffentlicher Aufgeregtheiten und Dramatisierungen? Warum reagieren die Beteiligten, wie sie reagieren? Warum weiß man meistens schon vorher, was die Leute sagen werden? Was sind die Ressourcen, auf die sie zurückgreifen könnten? In welchen Bedeutungsräumen bewegen sie sich?

Früher hätte man vielleicht von Interessen gesprochen und dahinter einiges Kalkül vermutet – strategisches Kalkül, das Argumente und ihre Formen und Rekombinationsmöglichkeiten zur Durchsetzung einsetzt. Man hätte mehr Reflexivität vermutet als da ist – und wenn man dann doch nachgewiesen hat, dass es an Reflexivität und Kalkül fehlt, hätte man Entlarvung oder Ideologiekritik geübt. Dabei geht es nur um blinde Flecke, um für die Akteure selbst unsichtbare Voraussetzungen für ihr Tun – was übrigens für die meiste Ideologiekritik und Entlarvungspose auch gilt, die von einem vermeintlich ideologiefreien Standpunkt aus argumentieren muss. Wir gehen eher von blinden Flecken aus – wir machen aus einem politischen oder kritischen Argument ein epistemologisches, wahrnehmungstheoretisches, kognitives Argument. Sie können nicht anders – wir übrigens auch nicht, aber dazu später.

Als wir begannen, über dieses Buch genauer nachzudenken, fand gerade jener Terroranschlag in Brüssel statt, bei dem gleichzeitig am Flughafen und in einer U-Bahn-Station in der Nähe des EU-Verwaltungszentrums Bomben explodierten und erneut zahlreiche Menschen verletzt und getötet wurden. Ein solches Ereignis ist geradezu der Prototyp für das Überraschende, für das Außeralltägliche, für einen Stillstand der Zeit, für eine Ausnahmesituation, vor der die Überraschungen des Tages zu Nichtigkeiten gerinnen. Und es ist auch wohl das, was solche Verbrechen erreichen wollen: die Zeit stillstehen zu lassen und für maximale Information zu sorgen, wenn man unter Informationen Ereignisse versteht, die tatsächlich einen Unterschied machen.

Und dennoch: Sieht man sich die kommunikativen Reaktionen auf dieses unvorhergesehene Ereignis an, so geschah genau das, was bei Ereignissen dieser Art immer geschieht. In Sondersendungen auf allen Kanälen wurde Sendeplatz geschaffen, ohne dass es genügend Informationen gab, die man hätte melden können. Erst langsam schälte sich eine Informationslage heraus, die dem antizipierbaren Grauen eine bildliche und semantische Gestalt gab. Politiker versicherten sich gegenseitig ihrer Abscheu, es begann ein Diskurs darüber, dass wir uns unsere Lebensart nicht nehmen lassen, die darauf aufgebaut ist, dass nicht alles bis ins Letzte kontrolliert werden kann. Die üblichen Verdächtigen erklärten den Generalverdacht gegen Muslime als völlig falsch, während andere übliche Verdächtige exakt diesen Generalverdacht zum Ausdruck brachten. Vonseiten der politischen Angsthasigkeit wurde nach einer weiteren kommunikativen Perfidie gesucht und in der Anmerkung gefunden, dass die Flüchtlingspolitik der Kanzlerin mitverantwortlich sei für die Brüsseler Toten. O-Töne von Menschen, die am Tag des Anschlags in Brüssel waren, womöglich in der Nähe der Tatorte, berichteten von Verunsicherungen und mulmigem Gefühl. Fluggäste auf weit entfernt liegenden Flughäfen bestätigten in Interviews das mulmige Gefühl, während psychologische Experten in anderen Interviews versicherten, dass die Verunsicherung nach ungefähr zwei bis drei Wochen verflogen sein würde. Einer geostrategischen Einordnung des Anschlags – hier: Kompensation der militärischen Misserfolge des »Islamischen Staats« in der letzten Zeit – folgten Interpretationen, die auf die Herkunft der Täter aus schon bei den Anschlägen von Paris immer wieder angeführten Brüsseler Problembezirken hinwiesen. Politische Akteure entdeckten in den Anschlägen Stichworte für diese oder jene politische Forderung und Interpretation, die Börsenkurse reagierten ebenfalls zumeist kurzfristig. Sonderseiten und Sondersendungen zeigten immer wieder dasselbe, auch dieselben Interpretationen, von zum Teil denselben Leuten.

Was sollen die Leute sonst machen?

Die Frage ist berechtigt. Und exakt das ist unsere Frage: *Was sollen die Leute auch sonst machen?* Interessant an diesem zugegebenermaßen sehr einfachen Beispiel ist, dass selbst in einem für Überraschung und Außeralltägliches paradigmatischen Fall wie dem Brüsseler Anschlag nichts Überraschendes geschieht. Es sieht tatsächlich fast so aus, als gebe es ein Drehbuch für das Geschehen – schon das Verbrechen selbst folgt einem Drehbuch, einem bekannten Muster, einem eingespielten Eigensinn, der sich im Hinblick auf besonders sensible Bereiche des öffentlichen Lebens als Angriffsziel entwickelt und stabilisiert hat. Zum Muster gehört aber auch, dass der Anschlag seinen Sinn nur dann erfüllt, wenn auch alle anderen ihre Rollen exakt so erfüllen, wie es in jenem virtuellen Drehbuch steht. Der Anschlag ergibt nur Sinn, wenn auch darüber berichtet wird und wenn jenes attackierte Abendland im Moment des Angriffs an sich sein Abendländisches wahrnimmt und entsprechend reagiert.

Uns interessiert jenes Mysterium, dass alle tun, was getan werden muss. Uns interessiert, dass in einer Gesellschaft, in der in der Tat alles anders sein könnte, doch alles nach relativ klar verteilten Rollen genau so geschieht, wie es geschieht. Uns interessieren die klaren und deutlichen Muster, die offensichtlich stärker sind als Einsicht und Intentionalität – oder anders gewendet: denen Einsicht und Intentionalität folgen und für die sie sich immer wieder neu entscheiden. Manche dieser Muster scheinen sich sehr brutal durchzusetzen – brutal meint hier nicht »gewaltsam«, sondern im Sinne eines *factum brutum*, hinter das zurückzutreten offensichtlich eher unwahrscheinlich ist. Zu diesen brutalen Voraussetzungen gehört etwa, dass sich auf Märkten nur das durchsetzen kann, was sich irgendwie rechnet und Zahlungen oder Nichtzahlungen nach sich zieht und ermöglicht; dass im politischen Wettbewerb das Sachargument stets hinter der Logik des politischen Spiels um Macht und Wirkmächtigkeit zurücktritt; dass die Lösung wissenschaftlicher Sachprobleme sich nicht einfach in unternehmerische oder politische Entscheidungen übersetzen lässt; dass die mediale Logik stets Neuheitswerte produzieren muss, selbst wenn immer dasselbe gesagt wird. Das mag holzschnittartig erscheinen, aber es verweist darauf, dass moderne Gesellschaften nur deshalb so komplex sein können, weil sie brutale Formen von Regelmäßigkeiten erzeugen – sich selbst aber andere Geschichten erzählen: Geschichten darüber, dass man, wenn man nur wollte … Wir wissen, wie solche Sätze weitergehen.

Wirklich ein Drehbuch?

Zur Erklärung stehen in den Sozialwissenschaften zwei Konzepte zur Verfügung: das der Reflexe und das der Pfadabhängigkeiten. Das erste Konzept ist längst ad acta gelegt. Die Reiz-Reaktions-Psychologie, die im Verhalten des Menschen letztlich nur die Reaktion auf einen äußeren Reiz, also gewissermaßen Reflexe sah, ist als zu simpel widerlegt. Schon vor einem Jahrhundert hat man im amerikanischen Pragmatismus die Theorie des Reflexbogens kritisiert, weil Reiz, Aktivität des Gereizten und Reizentladung nicht strikt gekoppelte Elemente eines Mechanismus sind, will heißen: Reflexe lösen sich selbst aus, können zumindest nicht eineindeutig auf *einen* äußeren Reiz zurückgeführt werden, was schon daran erkennbar ist, dass es sehr unterschiedliche Reaktionen auf denselben Reiz geben kann. Wenn also manche Reaktionen geradezu reflexhaft wirken, weil sie stark an die auslösenden Situationen gekoppelt zu sein scheinen, ist dies noch erklärungsbedürftiger, wenn man weiß, dass es stets »Selbstauslöser« sind, die da zur Anwendung kommen. Denn obwohl die Freiheitsgrade prinzipiell groß sind, widerspricht soziale Regelmäßigkeit dem empirisch. Insofern gehen reflexhafte Reaktionen tatsächlich auf so etwas wie »Selbstauslöser« zurück – der Reflex löst sich selbst aus und folgt damit nicht der Logik des Reizes, sondern dem Eigensinn des Reflexes.

Das Konzept der Pfadabhängigkeit meint, dass sich Handlungsketten mit der Zeit einschränken, das heißt durch Entscheidungen bestimmte Folgeentscheidungen wahrscheinlicher machen, weil damit andere Möglichkeiten ausgeschlossen werden. Das Modell der Pfadabhängigkeit setzt aber voraus, dass es zunächst größere Freiheitsgrade gibt, die sich mit der Zeit einschränken und damit Wahrscheinlichkeiten neu ordnen. Auch diese Annahme passt nicht wirklich zu den Beobachtungen, die uns interessieren, denn das Erstaunliche scheint zu sein, dass die Pfade bereits da sind, Pfadabhängigkeiten also tatsächlich existieren. Soziologisch betrachtet, ist dies ein Hinweis darauf, wie brutal die Widersprüche einer modernen Gesellschaft sind, obwohl die sozial- und kulturwissenschaftliche Intelligenz vor allem davon fasziniert ist, wie sehr sich Strukturen und Erwartbarkeiten angeblich auflösen und sich angeblich alles neu ordnet. Besonders beliebt ist es derzeit, den Dingen, der Technik und dem Körper einen Akteurstatus zu verleihen, was zur semantischen Verfremdung von Bekanntem gesteigert werden kann und in wissenschaftlichen und kulturellen Debatten kaskadenhaft Publikationen, Kommunikation und Originalität nach sich zieht.

Die Konjunktur solcher Themen, gepaart mit besonders cool anmutenden, am Modell der Mode und seiner Verfallslogik orientierten Habitus, ist in den universitären Sozial- und Kulturwissenschaften ein probates Muster. Gerade in den Sozial- und Kulturwissenschaften steigert sich diese Novitätsorientierung durch Verfremdung. Auch das ist übrigens ein Reflex – oder ein Pfad? –, jedenfalls ein Selbstauslöser, der sich so sehr bewährt hat, dass er sich performativ ad absurdum führt. Er bestätigt durch permanente Wiederholung einer völligen Neuordnung der Welt eine Regelmäßigkeit, die die eigene These negiert. Auch dies wäre also ein Reaktionsmuster wiederholter Originalität. Die Verfremdung von Alltäglichem als unerwartbare Form der Beschreibung liefert das Drehbuch für die Etablierung neuer Beschreibungsformen.

Für uns trifft die Metapher des Drehbuchs die Sache recht gut, denn das Drehbuch ist ein Skript, das Handlungsstränge und entsprechende Anordnungen vorgibt, dessen Umsetzung aber so aussehen soll, als gebe es gar kein Drehbuch. Selbstverständlich gibt es für öffentliche Debatten nicht wirklich ein Drehbuch, schon weil in Gesellschaften weder die Position des Autors noch die des Regisseurs vorgesehen ist, auch gibt es keine Probemöglichkeiten, von einer Intendanz ganz zu schweigen. Das Spiel hat vielmehr immer schon begonnen. Oder um es in der Sprache eines Kybernetikers zu sagen: Die erste Anweisung »draw a distinction« kann nicht gehört werden, weil wir uns immer schon innerhalb von Unterscheidungen und ihren Räumen bewegen, selbst wenn wir darüber reden. Auch wenn das geschriebene Drehbuch für die Gesellschaft der heimliche Traum der Sozialplaner, Revolutionäre und radikalen Systemkritiker und all jener ist, die von zentraler Herrschaft oder wenigstens von der kollektiv wirksamen Durchsetzung wirksamer zentraler Hebel träumen – sie alle scheitern an der Eigendynamik, am Eigensinn und an der Komplexität einer Gesellschaft, die sich keineswegs aufgrund ihrer chaotischen Verfasstheit solchem Zugriff entzieht, sondern eben weil die unterschiedlichen Skripte und Stabilitäten und ihre Inkompatibilitäten und Wechselseitigkeiten jene Eigendynamik und Komplexität ausmachen – und vor allem, weil auch die Rolle der Revolutionäre und Umbaufantasten nur eine Position im Rollenset des Drehbuchs ist. Wenn wir also ein Drehbuch oder Drehbücher nachzeichnen, dann gerade nicht als eine alles festlegende DNA, ein algorithmisches schlicht zu entfaltendes Grundprogramm, sondern eher als Zugzwänge, Spielzüge, Taktiken und Regelmäßigkeiten, aus denen es offenbar kaum ein Ausbrechen gibt.

Das ist ohnehin das Mysteriöse gesellschaftlicher Strukturen: Selbst in einer höchst dynamischen Gesellschaft sind diese Strukturen vergleichsweise träge und stabil – was man etwa an den Katastrophen des 20. Jahrhunderts nachverfolgen kann. An der grundlegenden Gesellschaftsstruktur, an der operativen Trennung unterschiedlicher Logiken des Politischen, Ökonomischen, Wissenschaftlichen und Medialen hat sich weniger geändert, als es die radikale Veränderung von Lebensformen für die letzten Generationen nahelegt. Die Mittelschichtintelligenz der veröffentlichten Meinung, auch die sozial- und kulturwissenschaftliche Intelligenz ist erstaunlicherweise viel stärker von Instabilität und Veränderung, von Variation und Wandel fasziniert als von der merkwürdigen Stabilität der Reaktionsweisen einer Gesellschaft, die zwar immer neue Geschichten über sich erfindet und sich variantenreich und durchaus mit Konsequenzen neu beschreibt, darin aber aussieht, als folge sie einem Drehbuch. Das Beispiel der Reaktion auf die Brüsseler Anschläge mag davon einen ersten Eindruck vermitteln: Alle Akteure bemühen sich darum, in den konkreten Gegenwarten zu tun, was getan werden muss, und doch scheinen die Reaktionsformen formierter zu sein, als es die Akteure selbst wissen oder wahrhaben wollen. Personen verschmelzen also mit ihrer Rolle, ja werden geradezu zu jenen, als die sie in dem ungeschriebenen Drehbuch auftauchen.

Wir machen keine Gefangenen – und nennen keine Namen

Wir interessieren uns also für das Drehbuch öffentlicher Debatten. Was wir dabei *nicht* insinuieren, ist eine Verschwörung, also dunkle Mächte aufzudecken, die ein solches Drehbuch geschrieben hätten und es gegen den Willen der Menschen durchsetzen. Wir beabsichtigen keine Ideologiekritik in dem Sinne, die Verantwortlichen für jenes Drehbuch zu identifizieren. Das ist ja oft das große Problem von Perspektiven, die unter dem Firmenschild der *Kritik* arbeiten. Sie unterstellen bisweilen, dass die Adressaten der Kritik die Probleme tatsächlich lösen könnten, wenn sie es nur wirklich wollten – was oft genug der Fall ist. Aber sie unterschätzen dabei offensichtlich die Trägheit und Widerständigkeit der Gesellschaft, aber auch die Macht jenes Drehbuchs, jenes Skripts, das noch nie jemand gesehen hat, dem sich aber dennoch das meiste zu fügen scheint. In öffentlichen Debatten – und nicht nur dort – scheinen die Beteiligten Rollen zu spielen, die so erwartbar sind, dass sie sich stets wiederholen (müssen), ihre Debatten sich in stabilen Konfliktsystemen einrichten und Positionen in geradezu dialektischer Manier nur möglich sind, weil es die angemessenen Antagonisten gibt, mit denen man rechnen kann. Dass der Kritiker affirmativer am Gegenstand der Kritik hängt, als es ihm lieb sein kann, wusste übrigens die frühe Kritische Theorie viel genauer als diejenigen, die heute von einer resonanten Welt schwärmen.

Wir hatten es bereits kurz angedeutet: Wir machen keine Gefangenen – will heißen: Wir wollen nicht Verantwortlichkeiten und Adressen benennen, denen man durch Namensnennung allzu viele alternative Möglichkeiten einräumen würde.

Namen unterstellen mehr Variationsmöglichkeiten, als da sind, weil sie als Adressen so tun, als könne man den Namensträger bitten, es anders zu tun, als könne man Gefangene machen und sie zwingen, endlich für das Richtige zu sorgen. Keine Gefangenen zu machen, heißt auch, auf eine Struktur hinzuweisen und weniger auf konkrete Ereignisse und Fälle. Und: Weil es um die Struktur jener Adressen geht, schreiben wir ein Buch, in dem keine Namen vorkommen und in dem wir auch nicht auflösen, *wer* gemeint ist, weil es uns darauf ankommt, *was* gemeint ist. Namen dafür finden sich dann automatisch und können leicht erschlossen werden – auch wenn das für die Dechiffrierung des Arguments gar nicht vonnöten ist.

Im Einzelnen beschäftigen wir uns mit folgenden sechs Debatten, in denen wir – wie in einem Drehbuch – Figuren auftreten lassen, die je für die verteilten Rollen im aufgeführten Stück stehen:

Szene 1 / Flüchtlinge! Eine Frage der Identität

An der Flüchtlingskrise lässt sich am deutlichsten sehen, dass Reflexe auf Selbstauslöser zurückgehen. Es sind nicht die vielen Hunderttausend Menschen, die aus unterschiedlichen Gründen und mit unterschiedlichen Geschichten im Gepäck nach Europa, vor allem nach Deutschland gekommen sind, die Reflexe ausgelöst haben. Die Reflexe folgen vielmehr eigenen Logiken, triggern interne Konflikte, die schon da sind, werden als eine Ressource behandelt, mit der sich die eigenen Ziele verfolgen lassen. Die Flüchtlingskrise wirkt wie ein Verstärker: Sie verstärkt sowohl die moralischen Intuitionen einer Willkommenskultur als auch die Abwehrintuitionen in ängstlicher und ressentimentgeladener Form, sowohl romantische Intuitionen als auch abwehrbereite Entschlossenheit. Und sie verstärkt offensichtlich die Frage nach dem Eigenen, das umso weiter verfehlt wird, je genauer man danach fragt. Übrigens reagiert die Gesellschaft auf all diese Affekte und Reize auch operativ und tut, was getan werden muss.

Szene 2 / Sozialstaat! Eine Frage der Gerechtigkeit

Der deutsche Sozialstaat gerät in Gefahr. Flüchtlinge und Migranten aus anderen Kulturen und Ländern konkurrieren um staatliche Versorgungsleistungen. Dadurch soll die Fürsorge für die deutschen Bedürftigen, Rentner und Hartz-IV-Empfänger in Gefahr geraten. Politiker und Medien beginnen, die jeweiligen Gerechtigkeitskonstruktionen als Reflexe und reflexive Zustimmungsräume in Stellung zu bringen. In den Turbulenzen bilden sich stabile bis paradoxe Meinungskoalitionen. Rechts taucht auf, wo gerade noch links stand. Und links mäandert ins Delta des Unübersichtlichen.

Szene 3 / Big Data! Eine Frage der Kontrolle

Big Data ist ein *big issue* – Big Data steht für eine Revolution in der Datenverarbeitung, die sich daraus ergibt, dass Informationen jenseits der Intentionen sowohl der Datenproduzenten als auch der Datennutzer anfallen. Das führt zu völlig neuen Geschäftsmodellen, aber auch zu neuen Überwachungstechniken staatlicher, ökonomischer und geheimdienstlicher Art, die man immer weniger unterscheiden kann. Die öffentliche Diskussion dazu kreist um die Frage der Kontrolle, des Kontrollverlusts und der Wiedergewinnung von Kontrolle.

Szene 4 / Chef! Eine Frage der Führung

Der alte Chef hat ausgedient. Als Industriekapitän stand er früher auf der Brücke und dirigierte sein Firmenschiff durch Klippen und Unwetter. Davon will heute keiner mehr etwas wissen. Der digitale Kapitalismus fordert eine neue Führungskultur. Jetzt dürfen alle Chef sein! Partizipativ, flexibel, selbstbestimmt, kreativ und selbstmotiviert – so lautet das neue Organisationsmantra für die Mitarbeiter. Digital Natives, Business Model Generation und Network Thinker sind die neuen »Chefs«, die keine Chefs sein wollen. Manager, Unternehmer und Medien beginnen deshalb, alte und neue Führungskulturen als großes Entweder-oder zu inszenieren. Darum herum bilden sie Gewissheiten, die in der jeweiligen Selbstüberhöhung als letzte Wahrheit enden. Der Chef denkt neu und lenkt alt. Der Chef denkt alt und lenkt neu.

Szene 5 / Vermögen! Eine Frage der Verteilung

Steuerentlastung für Vielarbeiter und Leistungswillige. Oder doch reingrätschen in das Vermögen der Reichen? Die Gesellschaft ist sich uneins. Soziale Gerechtigkeit wird zum Spielball.

Die Leistungsgerechten rufen: »Finger weg von den Steuern!« Leistung müsse sich weiterhin lohnen dürfen. Die Verteilungsgerechten poltern zurück: »Ran an die Steuern!« Nur die Umverteilung von oben nach unten schaffe zufriedene Bürger. Soziale Ungleichheit wird zum medialen Wettrennen. Titelzeilen lauten: »Ungestört Milliardär bleiben«, »Reich vererbt sich«, »Egoismus statt Gemeinsinn« oder »Die Gerechtigkeitsmisere«. Das Problem dahinter: Jede Debatte und Diskussion über soziale Gerechtigkeit mäandert nur im Delta der eigenen Urteile und Wahrheiten. So haben Politiker und Hartz-IV-Empfänger einen anderen Gerechtigkeitsbegriff als Unternehmer und Manager. Und beide Seiten reden kräftig aneinander vorbei, wenn es um ein gemeinsames Verständnis geht. Game over!

Szene 6 / Ärztlich assistierter Suizid! Eine Frage der (gestalteten) Autonomie

Im Vergleich zu den anderen ist dies ein leiserer Fall. Im Jahr 2015 wurde im Bundestag eine Neuregelung der Frage nach der ärztlichen Unterstützung beim Freitod von unheilbar Kranken angestrebt. Es ist am Ende ein Gesetz verabschiedet worden – zu einer wirklichen Neuregelung ist es freilich nicht gekommen. Die Rekonstruktion dieser Debatte zeigt, wie ärztliche, juristische, ethische und religiöse Akteure mit großer Zustimmung den Patientenwillen befördern wollen, sich aber fragen, wie denn dieser freie Wille in die richtige Richtung gelenkt werden kann. Der Fall ist unlösbar – und genau das macht ihn auch so attraktiv für starke Lösungsvorschläge. Deshalb hat der Bundestag am Ende mit dem neuen Gesetz ein ganz anderes Problem gelöst, und damit Handlungsfähigkeit auf einem Gebiet bewiesen, auf dem es keinen Handlungsdruck gab. Tatsächlich: drehbuchhaft.

Nachklapp / Reflexe zum Buch!
Eine Frage der Aufmerksamkeit

Das Buch schließt mit zwei Rezensionen – ja, Rezensionen dieses Buches. Zu den drehbuchhaften Formen öffentlicher Debatten gehört auch die Rezension als Aufmerksamkeitsgenerator. Ob Preisung des Buches oder Verriss – das ist egal. Nicht egal ist: Rezension oder keine? Da es uns darum zu tun ist, ein Drehbuch zu rekonstruieren, darf die Rezension nicht fehlen. Da es auch hier drehbuchhaft eingeführte Formatvorlagen gibt, präsentieren wir gleich zwei davon. Wir sind gespannt, wie sich die Rezensionen im Buch auf Rezensionen des Buches auswirken werden.

Nos quoque?

An einer Stelle nennen wir Namen – unsere eigenen nämlich, wie sie auf dem Buchdeckel stehen. Wirklich konsequent hätten wir auch darauf verzichten müssen, denn wenn unser Argument stimmt, dann gilt es auch für uns selbst, dann spielen auch wir nur eine Rolle, dann müsste sich auch dieses Buch in eine Reihe von Erwartbarkeiten einordnen, die wenig überraschen können. Und das stimmt auch, wenn man weiß, dass komplexe Systeme stets Unterbrechungen in sich selbst einbauen, um sich mit Variationsmöglichkeiten ausstatten zu können.

Auch sie sind erwartbar, und auch sie sind weniger selbst gewählt als Ergebnis von Wahrscheinlichkeiten. Irgendwo wird auf alles hingewiesen – und dass diese Hinweise nicht auf das gesamte System durchschlagen, ist doch nur ein Hinweis auf den Eigensinn von Systemen und darauf, wie stabil sich die Verhältnisse geben. Sie sind kaum durch sich selbst erregbar und zu verunsichern. Das dürfte der Ort dieses Buches sein – wohl wissend übrigens, dass diese Art der Aufklärung weder zum Ziel hat, noch ernsthaft als Ziel formulieren sollte, an diesen Erwartbarkeiten etwas zu ändern.

Im Übrigen sollte diese paradoxe Position stärker im Bewusstsein sein, die Position, die sagt: dass die Beschreibung zum Beschriebenen dazugehört, dass Veränderungsprozesse selbst Veränderungsprozessen unterliegen, dass Interventionen auch die Interventionen intervenieren, dass es keine Position außerhalb gibt, weil auch die Behauptung, außerhalb zu stehen, sich schon durch die Behauptung in einem Innenverhältnis befindet. Wir wissen also ziemlich genau, dass unsere Behauptung, ein Drehbuch nachzuzeichnen, uns einschließt, als Akteure, die mit auf der Bühne stehen, denn in der Moderne mit ihrer entfesselten Kommunikation erscheint die Gesellschaft tatsächlich als eine Bühne, auf der die Leute mit verteilten Rollen spielen. Zugleich wird das Publikum in das Spiel hereingeholt, denn was das Publikum kennt und weiß und hört und selbst sagen würde, würde es auf den Bühnen stehen, kennt es von den Bühnen. Der semantische Haushalt einer Gesellschaft wird auf jenen Bühnen erzeugt und für weitere Verwendung freigegeben – auch das gehört zum Drehbuch: die erfüllte Erwartung, dass jemand zuschaut.

Flüchtlinge!

TITEL

Eine Frage der Identität

UNTERTITEL

1

SZENE

Aufblende

Eine Million Flüchtlinge in einem Jahr. Das Land ist in Aufruhr. Die Öffentlichkeit kennt kein anderes Thema mehr. Aus Strebern und Meisterschülern in Sachen Offenheit und Hilfsbereitschaft werden Zauderer, Angsthasen und Defätisten, die warnend erklären, »das« sei eben doch nicht zu schaffen. Konfrontiert mit dem Fremden stellt Deutschland weniger den anderen als sich selbst die perfide Frage nach der eigenen Identität – und beantwortet sie so vielschichtig und nichtssagend, so undeutlich und deutlich zugleich, dass sich wenigstens die Differenz zwischen möglichen Identitäten eindeutig zeigt. Jedenfalls lässt sich an der zur Krise erklärten Situation gut studieren, wie eine Gesellschaft mit verteilten Rollen auf eine sichtbare Irritation reagiert – sich auf diese Irritation stürzt, weil sie so schön sichtbar ist. Nicht nur die Fremden werden dabei sichtbar, sondern Deutschland wird im Laufe der »Krise« als »Deutschland« sichtbar – und weiß nicht, was es mit sich anfangen soll – ganz so, als gehe das Eigene verloren, wenn man zu genau danach fragt.

Akteure

- Eine Million Flüchtlinge
- Münchner Linksautonome
- Bundesfinanzminister
- Bundeskanzlerin
- Französischer Philosoph

- Großsoziologe aus Bielefeld, verstorben
- Großsoziologe und Großphilosoph aus Frankfurt am Main, verstorben
- Münchner Soziologin
- Pegida
- AfD
- Rechter, der weiß, dass er ein Rechter ist
- AfD-Politiker
- Redakteur einer überregionalen Tageszeitung
- Philosoph, berüchtigt für eine Ästhetik der Andeutung
- Kulturchef eines Magazins
- Münchner Hauptbahnhof
- Welterklärer
- Ehemaliger Fernsehmann
- Blogger
- Kölner Hauptbahnhof
- Israelisch-arabischer Psychologe
- Feministische Antifeministin
- Grundgesetz
- Deutscher Politikwissenschaftler, aus Syrien stammend
- Französischer Nestor der identitären Bewegung
- *Kursbuch*-Autor
- Niederländischer Migrationsforscher
- Hausphilosoph der AfD
- Führungsfrau einer Nach-Nachfolgepartei
- Französischer Soziologe
- Linker deutscher Philosoph
- Süddeutsche Regionalpartei

Incipit tragoedia!

Manche meinen, das 21. Jahrhundert werde das Jahrhundert der Flucht sein. Wanderungen – geplante und ungeplante, organisierte und wildwüchsige, kontinuierliche und plötzliche – haben die Menschheitsgeschichte geprägt. Die nur im ersten Blick stationär wirkenden »Völker« sind ihrerseits das Ergebnis von Wanderungen. Der Hinweis, die Menschwerdung selbst sei das Ergebnis von wahrscheinlich vom afrikanischen Kontinent ausgegangenen Wanderungsprozessen, erübrigt sich fast – insofern: nichts Neues also. Und dennoch: Wanderungen sind immer anstrengend, schon weil das Leben eben nicht in welthistorischen, sondern in biografischen oder lebenszeitlichen Dimensionen gelebt wird. Wer bleibt, kann weitermachen wie bisher. Demnach sind sesshafte Gesellschaften solche, die genug Zeit haben, sich an sich selbst und an ihre Gewohnheiten zu gewöhnen. Zu Wanderungen kommt es stets dann, wenn sich Anpassungsprobleme einstellen – materielle Versorgung, Raumknappheit, interne Konflikte, Kriege, Neugier, klimatische Veränderungen, Naturkatastrophen usw. – wenn man also nicht einfach weitermachen kann.

Die Moderne ist stationär und beweglich zugleich. Wir haben inzwischen einen Echtzeitüberblick über die unterschiedlichen stationären Räume auf dem Globus – medial vermittelt und von Wechselseitigkeit geprägt. Erst diese Wechselseitigkeit ermöglicht die unfassbare Beweglichkeit, in der wir nicht nur Bilder, Informationen und Waren um den Globus verschieben, sondern auch Menschen – und das vor den Augen einer Weltöffentlichkeit, die selbst als Push- und Pull-Faktor für Wanderungen fungiert: aus Bildern und Berichten entstehen konkrete

Erwartungen an die Fremde, in die man dann wandert – oder auch nicht.

Deutschland hat eine lange Erfahrung als Zielort für Flüchtende: Über elf Millionen Menschen kamen noch vor Gründung der Bundesrepublik aus den ehemaligen deutschen Ostgebieten, nach 1950 circa 4,5 Millionen Aussiedler und Spätaussiedler aus ähnlichen Gebieten. Asylsuchende spielten erst nach dem Kalten Krieg eine quantitativ bedeutende Rolle. Im Spitzenjahr 1992, während des Jugoslawienkrieges, stellte eine halbe Million Menschen einen Antrag auf Asyl in der Bundesrepublik – das Spitzenjahr 2015 wartet mit höheren Zahlen auf. Nun kommen die Menschen aus den Krisengebieten der Levante, aus Nordafrika, aber auch vom Balkan.

Bis ins Jahr 2015 hat nicht nur Deutschland von einer findigen europäischen Rechtsregel profitiert, die als »Dublin-III-Abkommen« bekannt ist und sinngemäß besagt, dass illegale Einwanderer und Flüchtlinge ihren Asylantrag in dem Land stellen sollen, in dem sie den Boden der Europäischen Union betreten. Das können naturgemäß nur Länder sein, die entweder direkt an Westbalkanländer angrenzen oder eine Küste am Mittelmeer unterhalten. Flucht und Asyl aus den Krisengebieten der Levante – infolge der Kriege und Krisen in und um Irak, Afghanistan, Syrien, Palästina, Maghreb – waren zunächst also ein italienisches und griechisches Problem. In den Binnenländern Europas wurden Flüchtlinge erst dann sichtbar, als man die Bilder von gekenterten Booten, ertrinkenden Menschen und purer Not und auch an der logistischen und quantitativen Überforderung der Mittelmeeranrainer und der Balkantransitländer nicht mehr übergehen konnte. Einer der wichtigsten Akteure in diesem Zusammenhang waren die eindrücklichen

Bilder von Körpermengen, denen nicht mehr zu entkommen war.

Immer wieder tauchte in der öffentlichen Diskussion das Motiv auf, mit dem Ankommen der Flüchtlinge erlebe Deutschland – später als andere Länder – eine Begegnung mit der Globalisierung und den damit zusammenhängenden Konflikten der Welt. Mit der Öffnung der Grenzen, also dem Außerkraftsetzen der so bequemen Dublin-III-Regeln, kam diese Globalisierung in Gestalt von circa einer Million Menschen tatsächlich in Deutschland an. Und dann begann ein Lehrstück über die Rollenverteilung öffentlicher Sprecher, das Kaskaden entfesselter Kommunikation erzeugt hat: Das Flüchtlingsthema wurde zum bestimmenden Themengenerator in allen Bereichen der Gesellschaft.

Reflexe

Wirklich überraschend war die spontane Hilfsbereitschaft in Deutschland. Gerade noch der böse Bube Europas, der ökonomische und politische Streber, der die anderen EU-Staaten auf angemessene öffentliche Finanzen, auf Sparmaßnahmen und Rettungspakete eingeschworen hat, zeigte Deutschland sich als Hort universalistischer Moral und grenzenloser Hilfsbereitschaft. Es ging so weit, dass die Münchner Polizei per Twitter und übers Radio irgendwann darum bitten musste, keine Hilfsgüter mehr zum Hauptbahnhof zu bringen. Der Höhepunkt dieser Ausnahmesituation ist übrigens fast untergegangen. Linksautonome Gruppen haben nach kurzer, basisdemokratischer Entscheidungsfindung beschlossen, aus ihrer »Volxküche« auch die helfenden Polizeibeamten zu versorgen, ihren natürlichen Feind im gemeinsamen Habitat.

Tiefenschärfe

Im Gegensatz zu den geradezu feindseligen Diskussionen der 1990er-Jahre zeigte sich vor allem eine junge Generation, die kaum mehr prinzipielle Unterschiede zwischen den Menschen machen will, ganz und gar weltoffen. Vielleicht auch deswegen, weil sie so weit von Not in den Dimensionen der Flüchtlinge entfernt ist, dass die Willkommenskultur wie ein Selbstauslöser wirkte.

Dass dieses »Rendezvous mit der Globalisierung«, von dem ein Bundesfinanzminister halb süffisant, halb analytisch in dem Zusammenhang sprach, auch von einer gewissen Unbeholfenheit in der Einschätzung der Lage und von sozialromantischen Utopien offener Grenzen und grenzenloser Offenheit begleitet wurde, soll nicht die Erkenntnis schmälern, dass die Grunderfahrung von Sicherheit und Selbstbewusstsein die beste Voraussetzung dafür ist, Fremdes und Differenzen nicht bedrohlich zu finden – wenigstens ist das der Umkehrschluss aus zahlreichen Studien, die belegen, dass Fremden- und Europaskepsis eindeutig mit Angst vor ökonomischem Abstieg korreliert. Der Katalysator für diese Reaktion war sicher die Bildlichkeit des Phänomens – Bilder von vollen Booten (weit jenseits der dazugehörigen Metapher) und Bilder von Körpern, von vielen Menschen, von wandernden Gruppen. Die Flüchtlingskrise hat sich zunächst geradezu drehbuchhaft in filmtauglichen Bildern dargestellt.

Insgesamt ist die Globalisierung dieser jungen Generation vor allem in Form filmischer Ästhetik bekannt – als filmisches Bild der ganzen Welt, zugleich aber auch in dem Sinne, dass hier eine reisende Generation die Erfahrung macht, dass sie das Neue nicht entdeckt, sondern wiedererkennt, weil sie fast alles bereits vorher in filmischer und bildlicher Ästhetik gesehen hat. Das Willkommen war jedenfalls stark moralisch induziert, ohne Frage. Aber diese Moral der Augenhöhe und der Neugier ist die einer Generation, die eben nicht mehr in einer Welt hierarchischer Unterschiede lebt, sondern daran gewöhnt ist, dass jeder Sprecher dasselbe Recht hat, gehört zu werden.

Es ist schwierig, das so zu beschreiben, denn zum Drehbuch gehört auch, dass eine solche Beschreibung des Geschehens bereits als feindselig angesehen werden könnte, was beileibe nicht so gemeint ist. Die Öffnung der Grenze war ohne Zweifel ein Gebot der Not – man mag sich kaum vorstellen, was sich für Szenen abgespielt hätten, hätte man den Druck aus den Wanderbewegungen nicht herausgenommen. Das stellen sich all jene nicht mit vor, die sich reflexhaft im Vorwurf eingerichtet haben, die Bundeskanzlerin habe die Migrationsströme dadurch erst ausgelöst, dass sie anders geredet hat, als es in den 1990er-Jahren angesichts von Flüchtlingsbewegungen geschehen ist.

Das Problem charismatischer Ereignisse und Situationen ist es, dass sie nicht wirklich von Dauer sind. So gesehen, hielt die euphorische Mobilisierung von Hilfe und Hilfsbereitschaft sehr lange an und hat die Akteure zum Teil selbst überrascht. Es war einfach, sich zu positionieren und auf der richtigen Seite zu stehen, und es war interessanterweise eine Erfahrung, die in unterschiedlichen sozialen Milieus der Republik ganz ähnlich wahrgenommen worden ist.

Reflexe

Es waren vor allem Theater, die in den Flüchtlingen gewissermaßen ein »Rendezvous mit den Bühnen der Welt« erlebt haben. Flüchtlinge, die dann irgendwann wegen des angeblich pejorativen Gehalts des Begriffs Geflüchtete hießen, wurden als *sprechende Flüchtlinge* protegiert. Es mag sich böse anhören, aber es war schon so etwas wie eine zweite Bühnenästhetik, die sich am Fremden schadlos hält. Es ist nichts dagegen zu sagen, dass sich die Leute für Schicksale von Flüchtlingen interessiert und mit den abverlangten Geschichten die große Masse individualisiert haben. Aber es erinnerte an jenen Geständniszwang, von dem ein französischer Philosoph gesprochen hat, um darzustellen, dass nur derjenige dazugehört, der sich den Selbstbeschreibungsritualen gesellschaftlicher Anstalten unterwirft.

Tiefenschärfe

Dass man den sprechenden Flüchtling auf die Bühne holt, ermöglicht es einem gebildeten Publikum, die abstrakte Idee der kosmopolitischen Gesellschaft und der Gleichheit zu inszenieren. Der besondere Typus des gebildeten Engagierten gibt, gerne im Zusammenhang mit Hochkulturinstitutionen wie dem Theater oder mit kirchlicher Beteiligung, die geradezu darum kämpfen, dem Flüchtling etwas vom Status des politischen Sonderlings und kulturell Interessanten zurück. Es werden Begegnungen organisiert, Kulturen und Religionen treffen aufeinander, es ist viel von Praxis die Rede, man möchte etwas von persönlichen Schicksalen hören und mehr Gemeinschaftlichkeit und Gemeinsamkeit erzeugen, als es einer modernen Gesellschaft womöglich guttut – und hat ein empirisches Anschauungsobjekt dafür ausgemacht, was in einer stark moralinduzierten Kosmopolitismustheorie ebenso hochtrabend wie folgenlos, zumeist aus der Warte großer Sicherheit formuliert, kosmopolitisches Mitleiden hieß. Diese hochkulturelle Vereinnahmung des Flüchtlings bringt tatsächlich den sprechenden Flüchtling hervor, der mehr von sich preisgibt, als es Autochthone je müssten. Der sprechende Flüchtling wird damit zum funktionalen Äquivalent für den klassischen politischen Flüchtling, der immer schon eine Geschichte mit sich herumgetragen hat, allerdings eher eine kollektive Geschichte. Jetzt werden die Flüchtlinge zwangsauthentisiert – was auch als eine ostentative Reaktion auf Reflexe derer gesehen werden kann, die in Flüchtlingen eine Masse sehen, die der »Umvolkung« des Eigenen Vorschub leistet.

Noch einmal: Das Engagement und der unbedingte Reflex des »Refugees Welcome« war und ist großartig – und alles, was sich von den Pöblern distanziert, ist zu begrüßen. Aber die Kategorien, mit denen da gearbeitet wird, sind oftmals untauglich. Überall sprießen Initiativen, die ausloten, wie man *gemeinsam leben* kann und die Leute dann zum Reden bringt. Es wird eine gemeinsame Sprache entwickelt, obwohl die faktische Lebensform – auch und gerade von Flüchtlingen – anders aussieht. Erstaunlicherweise wird auch hier ein »Wir« bemüht, wird auch hier die Flüchtlingskrise als eine Herausforderung an die eigene Identität angesehen, wird auch hier Identitätspolitik getrieben – nicht nur in den skeptischen und den Flüchtlingen feindlich gesonnenen Milieus. Eine Initiative aus dem Frühsommer 2016 bringt es auf den Punkt: »Die vielen Menschen, die auf der

Suche nach Schutz vor Krieg und Gewalt, vor Not und Elend zu uns gekommen sind, haben uns gezeigt, was Bayern alles kann – im Guten wie im Schlechten. Seit einem Jahr erleben wir Weltoffenheit und Solidarität, lokales Engagement und spontane Hilfsbereitschaft, gemeinsames Anpacken und breiten Protest gegen Menschenverachtung — die Bereitschaft für ein neues WIR.«

Die engagierten Milieus sind geübt darin, große Sätze zu sprechen und andere zum Sprechen zu bringen. Wobei sich hier durchaus eine heimliche Präferenz für diejenigen Flüchtlinge beobachten lässt, die sich aufgrund entsprechender Potenziale auch zum Sprechen bringen lassen – was auch eine Form ist, das Fremde zu bändigen und nach eigenen Regeln zu integrieren. In der Sprache eines Großsoziologen: »Das Vergleichsinteresse unterjocht und relativiert alle Wesenheiten und Naturformen, mit denen die alte Gesellschaft sich selber und ihre Welt bestimmt hat.« Dieser Satz atmet den Sound aus Frankfurt, wiewohl er doch aus Bielefeld stammt. Aus Frankfurt, aus der ersten Generation derer, die man mit Frankfurt verbindet, tönt es so: »Kultur heute schlägt alles mit Ähnlichkeit.«

Überall seien solche symmetrisierenden Praktiken zu finden, es komme zu einer Ethisierung der Kultur, schreibt eine Münchner Soziologin: Selbst »Organisationsethiken schaffen gemeinsame Bezugspunkte über verschiedene Statusgruppen hinweg und Berater relativieren die Hierarchie, um das Wissen des ›Arbeitskraftunternehmers‹ für die Organisation verfügbar machen zu können. Man muss in der entsprechenden Literatur genau hinschauen und bemerkt, wie die Chefs darauf trainiert werden, symmetrische Kommunikationsformen mit ihren Mitarbeitern zu inszenieren. … Und während man gerade noch die alten verstaubten Konventionen irgendwelcher Kulturen loswerden wollte, findet man jetzt in allem, was sich als kulturelle Besonderheit darstellen lässt, etwas Schützenswertes.« Deutlicher kann man es nicht sagen. Bezogen auf die Inszenierung des sprechenden Flüchtlings heißt das, dass diese Form der Einbeziehung des anderen zugleich das Bedrohliche an ihm bannt, indem es ähnlich und unähnlich zugleich gemacht wird. Vom sprechenden Flüchtling werden keine Argumente erwartet, das Sprechen genügt als Hinweis, dass wir dann in einer gemeinsamen Welt leben. Wie das wohl aus der Perspektive von Flüchtlingen aussieht, einerseits gegen ein schwieriges Gewirr von Ämtern und Instanzen um Inklusionsmöglichkeiten zu kämpfen, andererseits als kulturelle Form herhalten zu müssen, das ganz andere sein zu sollen? Am besten, das wissen wir aus klassischen Einwanderungsländern, geht es Migranten (welcher Art auch immer), wenn sie möglichst wenig erzählen müssen.

Das, was Willkommenskultur geheißen wird, war (und ist) eine zivilisatorische Leistung, die kaum hoch genug geschätzt werden kann. Dass darin aber auch eine merkwürdige Form der Offenheit zum Ausdruck kam, die jegliche Diskussion um Grenzen und Zahlen, um Regulierung und Bewältigungsformen für geradezu illegitim erklärt hat, verweist auf jenen Reflex, in dem Argumente gegen die ethische Anerkennung des anderen als Gleichem nicht vorkommen. Erstaunlicherweise hat die Atmosphäre der Willkommenskultur im Sommer 2015 nicht nur den positiven Effekt gehabt, spontane Hilfsbereitschaft und Solidarität, Unterstützung überforderter staatlicher Instanzen und Demonstrationen der Weltoffenheit Deutschlands freizusetzen. Sie hat auch, selbst wenn diese Diagnose schwer zu ertragen ist, eine angemessene öffentliche Diskussion über die Frage der politischen und administrativen Bewältigung der Situation mit einem merkwürdigen Index versehen.

Auch wenn die Flüchtlingskrise keine wirklich existenzielle Herausforderung oder gar Gefährdung der öffentlichen Ordnung und der administrativen Potenziale unseres Landes darstellt – eine Herausforderung ist sie dennoch. Und ganz offensichtlich ist es im öffentlichen und politischen Raum nicht wirklich gelungen, Fragen der Bewältigung der Situation auch im Sinne alternativer Möglichkeiten zu diskutieren. Um es deutlich zu sagen: Wer in der Mitte des politischen Spektrums und der veröffentlichten Meinung kaum in der Lage ist, alternative oder sogar konkurrierende Modelle anzubieten und zu diskutieren, macht damit die Ränder stark – entweder diejenigen, die sich jede, aber auch jede Diskussion über Begrenzungen und Risiken verbitten, oder und vor allem aber diejenigen, für die die Flüchtlingskrise der willkommenste Anlass war, sich als Alternative zu etablieren.

Reflexe

Es gab auch eine ganz andere Willkommenskultur. Auch Akteuren wie Pegida, der AfD und ähnlichen Milieus war die Zahl der Flüchtlinge willkommen – freilich nicht die Flüchtlinge selbst. Wie einer der wichtigsten Akteure der rechtspopulistischen Partei später offen einräumte, war die Flüchtlingskrise geradezu ein Geschenk, weil sich in der Augenhöhe- und Symmetrieerwartung den Flüchtlingen gegenüber alles fokussiert, wogegen sich rechtspopulistisches Denken und Agieren richtet. Sowohl Pegida als auch die AfD waren im Frühsommer 2015 auf dem absteigenden Ast, die rechtsintellektuellen Milieus befanden sich lange schon im Wartezustand. So schreibt einer der wichtigsten Protagonisten der Rechten – einer, der nicht nur so tut, sondern auch weiß, dass er ein Rechter ist, im April 2014 in einem Brief, auch ihnen stünde so manches gut erzogene Migrantenkind näher als jene anmaßenden deutschen Rotzlöffel, denen noch nie eine äußere oder innere Not Beine machte. Und dennoch: Spätestens wenn der soziale und staatlich finanzierte Reparaturbetrieb zum absehbaren Erliegen komme, würden sich alle daran erinnern, wer – da ist es wieder! – »Wir« ist und wer »Nicht-Wir«. Denn, so der Briefschreiber: »Die Fremdheit, die daraus resultiert, ist in der Tat ziemlich stabil, die Anverwandlung des Fremden in das Eigene ein langsamer Prozess. Und: Die Abgrenzung des Ichs und des Wirs von etwas Fremdem ist schlicht eine Konstante. Ist es nicht so, dass nirgends die Ausgrenzungsmechanismen gnadenloser arbeiten als aus Gruppen heraus, die Gruppenexistenzen leugnen? Liegt dies nicht an ihrer grundsätzlichen Instabilität?«

◀ Tiefenschärfe

Horribile dictu: Das Argument stimmt. Es gehört zu den stabilsten Reflexen überhaupt, dass in Krisenzeiten imaginierte Wirs und Nicht-Wirs ziemlich klar geschieden werden. Die Bilder der Flüchtlingskrise haben an anderer Stelle den Reflex des Willkommens ausgelöst und eine spezifische Form der »Anverwandlung des Fremden in das Eigene« betrieben – eine Anverwandlung, die auch auf die eigene Disposition eines Milieus reagiert, das die Sensibilität für Unterschiede der alten Welt nicht mehr kennt. Hier löst das Fremde das Gegenteil aus: Es macht das Eigene als das Eigene sichtbar, ohne dann noch genau qualifizieren zu müssen, was das Eigene genau ist. Es ist geradezu ein soziologisches Grundgesetz, dass Identitäten nur über Differenzen zu haben sind. Rechtsintellektuelle lieben die Flüchtlinge dafür, dass sie »uns« ein Gegenbild, eine Differenz anbieten, auf die alles projiziert werden kann, wogegen zu opponieren ohne eine solche Folie von außen nicht möglich war. An Pegida kann man es am besten beobachten: Die Gemengelage war schwierig. Die Mobilisierung von Unbehagen brauchte einen Fokus. Und der Grundreflex war die Imagination des Fremden, von dem her sich die Unübersichtlichkeit des Eigenen viel übersichtlicher darstellen lässt. »Islamisierung« und »Abendland« waren als Chiffren sehr abstrakt: Vor Ort gab es kaum Islamisches, von Islamisierung ganz zu schweigen; und das Abendland ist ohnehin eine abstrakte Konstruktion, die davon lebt, dass man ihren Gegenstand nicht explizit beschreiben kann. Dieser Selbstauslöser erzeugt ein Bild, auf dem letztlich nichts zu sehen ist. Insofern hat Pegida auch etwas Bedauernswertes, weil es so viel Übersichtlichkeit und Erwartbares in eine unübersichtliche Welt gebracht hat, dass man nichts mehr sehen kann außer dem Elend des Aus-der-Welt-Fallens.

»Wir wollen das Land so behalten, wie wir es von unseren Vätern geerbt haben«, hat ein führender AfD-Politiker, jener mit der Herrenreiterattitüde, im Frühsommer 2016 formuliert. Die Formel zeigt deutlich, dass der Rekurs aufs Eigene erst wieder greift, wenn das »Erbe« als von außen bedroht erscheint. Die Formel ist in ihrer Formelhaftigkeit geradezu peinlich – angesichts einer sich pluralisierenden, dynamischen Gesellschaft, die alles garantieren kann, nur nicht dies, mit und ohne Migration, mit und ohne Flüchtlingskrise. In dieser Peinlichkeit und Unbeholfenheit ist sie aber von großer Logik geprägt, weil der Reflex des rechtspopulistischen Denkens genau darin besteht, Identitäten gegen Widerstände zu behaupten.

War die Sichtbarkeit der Flüchtlinge willkommener Anlass für rechtsgewirkte Akteure, aus der langjährigen Deckung zu kommen, scheint dies der Anlass für manche Intellektuelle gewesen zu sein, endlich auch auf der Seite der Kritik stehen zu können. Ein Redakteur einer überregionalen Tageszeitung sagte letztens im Gespräch, es sei erstaunlich, dass man noch vor Kurzem selbst für die Veränderung des Bestehenden eingetreten sei und jegliche Erneuerung und Veränderung begrüßt habe, nun aber sei man auf der Seite der Affirmation angekommen und wolle gegen AfD und Pegida das Bestehende bewahren – die rechten Revolutionäre beförderten das Konservative bei den früheren Fortschrittlichen. Das scheint mancher intellektuelle Großdenker der letzten Jahre durchaus zum Anlass genommen zu haben, nun endlich auf der Seite der Kritik stehen zu können – Kritik, das ist das Gegenteil von Konservatismus, Kritik, das ist zukunftsorientiert, Kritik, das atmet den Geist der Neugestaltung der Welt. Dass das Neue sich dann nicht mehr links und linksliberal darstellt, sondern rechts oder zumindest rechtskonservativ, ändert kaum etwas an der geradezu juvenilen Verve, mit der man dann argumentieren kann. Besonders hervorgetan hat sich ein für die rhetorische Technik der andeutungsweisen Argumentation bekannter Philosoph, dem Juveniles zu unterstellen vor Kurzem noch vergleichsweise unplausibel gewesen wäre und der in einem viel beachteten Interview Sätze wie diese sagte: »Jetzt entscheidet der Flüchtling über den Ausnahmezustand. Die deutsche Regierung hat sich in einem Akt des Souveränitätsverzichts der Überrollung preisgegeben. Diese Abdankung geht Tag und Nacht weiter. Bis zum Ende unseres kurzen Gesprächs werden tausend Flüchtlinge mehr die Grenze überschritten haben.« Unter Rekurs auf den Kronjuristen heißt das: Das deutsche Volk beziehungsweise seine Regierung habe längst die Souveränität des Landes in andere Hände gegeben, nämlich in die Hände von Leuten, »mit denen man fast nichts gemein« hat. Es gebe freilich keine »Pflicht zur Selbstzerstörung«. Erschienen ist das Interview in einem zuvor honorigen liberalkonservativen Magazin, das nach dem Verkauf an seine beiden Chefredakteure den auflagensteigernden Rekurs auf rechte Insinuationen in mehr oder weniger deutlichen Andeutungen als Geschäftsmodell entdeckt. »Sind wir Zeuge einer demokratisch nicht gedeckten, fundamentalen Veränderung des Staatsvolkes? Treibt Merkel diese offensiv voran?«, fragt der Kulturchef des Blattes suggestiv. Sich inszeniert schlecht zu benehmen und mit dem Mittel des Generalverdachts gegen »die Herrschenden« zu arbeiten, war einmal das Proprium der 68er – bei manchem Drehbuch muss man einfach nur die Besetzung ändern.

Die beiden unterschiedlichen Formen des Willkommens – das Willkommen den Flüchtlingen gegenüber und der willkommene Anlass für Identitätsbildung gegen ein feindliches Außen – scheinen direkt aufeinander bezogen zu sein. Es sind sich wechselseitig verstärkende Reflexe, denn die Augenhöheattitüde der einen bestätigt die Angstlust der anderen. Zugleich wird der Anreiz für symmetrisierende, sich solidarisierende Formen schon dadurch gestärkt, dass die Flüchtlinge für diejenigen mit der Furchtlust unter Generalverdacht fallen – für alles, was irgendwie schieflaufen kann.

Beide Seiten spielen ihre Rollen, indem sie sich wechselseitig verstärken. Die Willkommenskultur am Münchner Hauptbahnhof war auch eine Reaktion auf die Bilder aus den 1990er-Jahren, die sich ins kollektive Gedächtnis des Landes eingebrannt haben – brennende Asylunterkünfte und offene Feindschaft. Die Willkommenskultur dagegen hat diejenigen erst richtig angestachelt, die hier offensichtlich unsichtbar gemeint waren: AfD, Pegida, Gewalttäter – und diejenigen, die ihrerseits diese Gegenreaktion gegen die Augenhöhekultur zum Anlass genommen haben, endlich Sätze formulieren zu können, die einen Unterschied machen.

Einer der interessantesten Reflexe besteht in Kommunikationsformen, die auffallend häufig von älteren Männern vertreten werden, durchaus eine Riege von Ehemaligen: einer der Welterklärer etwa, der uns unsere Klassiker nähergebracht hat, hält die Angst vor dem Fremden für legitim und insinuiert eine Kampagne gegen die AfD; jener schon erwähnte, für möglichst undeutliche Diagnosen berüchtigte Philosoph; ein ehemaliger Fernsehmann, dessen Attitüde vor allem in der Wiederholung gelesener Sätze besteht; ein Blogger, früher Mitarbeiter im Planungsstab des Bundeskanzleramtes, danach Chefredakteur von Wirtschaftszeitungen, der auf seinem Blog Autoren um sich schart, denen man die Lust anmerkt, an dem besagten Thema endlich zeigen zu können, dass sie auch einmal zu einer Kritikgeneration gehören und Spätjuveniles an sich erleben – die Liste ließe sich erweitern. Bei keinem geht es um Lösungen, um politische Konzepte oder realistische Einschätzungen, sondern um eine teils süffisante, teils offen, teils passiv aggressive Fundamentalkritik, die im Kern nichts anderes bietet als den Hinweis, dass man es immer schon wusste. Was diese Kommunikationsformen eint, ist ein geradezu unfassbarer Hass auf die Bundeskanzlerin – der im Übrigen auch in der gesamten rechten Szene anzutreffen ist. Dass der Adressat der Kritik eine Frau ist, mag diesen Reflexen noch eine besondere Note verleihen. Diese »Geronto-Maskulinisierung der öffentlichen Debatte« kann nur verstanden werden, wenn man die reflexverstärkende Dynamik in Rechnung stellt.

Reflexe

Vom Münchner Hauptbahnhof zum Kölner Hauptbahnhof war es ein langer Weg. Jedenfalls markierten die Ereignisse auf der Kölner Domplatte in der Silvesternacht nicht nur einen starken Stimmungswechsel in der Debatte. Sie fungierten auch als Katalysator und Reflexverstärker. Um es deutlich zu sagen: Die Ereignisse waren fürchterlich, und wer behauptet, sie hätten nichts mit der Migrationsrealität in Deutschland zu tun, verschließt die Augen vor Problemen, die man hier lange nicht sehen wollte. Die Bundesrepublik wollte nie – entgegen aller Realität – Einwanderungsland sein, weshalb sie weder ein Narrativ über erfolgreiche Migrationsfolgen und gelungene Integration entwickelt hat noch ein angemessenes Verständnis für Folgeprobleme, die sich in segregierten Parallelmilieus in Großstädten niedergeschlagen haben. Vielleicht waren die Übergriffe in Köln selbst auch ein Reflex auf eine öffentliche Debatte, die zuvor fast nur schwarz und weiß kannte und in der die Täter ihrerseits sowohl auf eine spezifische Form der Anerkennung wie auf eine spezifische Form der Ablehnung reagiert haben.

Aus feministischer Perspektive entstand die paradoxe Situation, dass man den offenkundigen Sexismus der Taten registrieren, dabei aber möglichst von Kultur abkoppeln musste, weil das die Dimension der anderen Seite ist. Man hat dann, wiederum geradezu reflexhaft, auf den Sexismus in der eigenen Kultur hingewiesen – und damit sowohl ein Kulturargument gebraucht als auch merkwürdige Aufrechnungen betrieben, etwa Deliktzahlen beim Oktoberfest mit denen der Silvesternacht verglichen, was so letztlich nicht aufging. Diese Reflexe waren insofern unvermeidlich, als sie die jeweiligen Assoziationen geradezu angezogen haben. Paradoxerweise stimmen nämlich alle Partikularargumente je für sich – erzeugen dann aber eine Gemengelage, die den Konflikt nicht nur verschärft, sondern auch stabilisiert hat. Das erzeugt gerade in diesem Milieu der Wohlmeinenden eine merkwürdige Konkurrenz von Diskriminierungsdimensionen. Was ist schlimmer, *class, race* oder *gender*? Hier lösen die Selbstauslöser widersprüchliche Bilder aus.

Es gehört ohnehin zum linksliberalen Comment, dass »Kultur« keine relevante Kategorie sein darf, dass also eine Zurechnung bestimmter Konflikte auf »Kultur« ausgeschlossen bleiben muss. Wer in der öffentlichen Debatte »Kultur« als Erklärungsmerkmal benutzt, setzt sich fast automatisch dem Verdacht der Diskriminierung aus. Dazu schreibt sehr erhellend ein israelisch-arabischer Psychologe im Zentralorgan des angesprochenen Milieus: »Muslime und Menschen mit ›Migrationshintergrund‹ genießen bei linken, progressiven Zeitgenossen in Deutschland besondere Sympathie und Solidarität. Sie wollen damit ein Zeichen setzen gegen Rassismus und Vorurteile.

Ich selbst bin Araber, komme aus Israel und lebe hier seit 2004. Viele nette Menschen sind mir in meinen ersten Jahren in Deutschland im linksliberalen Spektrum begegnet. Seitdem ich mich kritisch über bestimmte Religionsinhalte äußere, mit denen ich groß geworden bin, sind sie nicht mehr ganz so nett. Ihre Reaktionen sind natürlich nicht vergleichbar mit den Gegnern aus den ›eigenen Reihen‹, von denen ich Hasspost erhalte. Aber einen Araber wie mich mögen manche Leute nicht mehr.« Schöner kann man die Selbstauslöser, um die es hier geht, kaum auf den Begriff bringen. Der Autor hält den Wohlmeinenden einen Spiegel vor, der sie als Teil eines Spiels decouvriert, in dem auch sie, wie die andere Seite, nur eine allzu erwartbare Rolle spielen. Er verschärft: »Ein Netzwerk von deutschen Linksliberalen und Grünen ›beschützt‹ eine Mehrheit der Muslime in Deutschland vor der Minderheit ihrer muslimischen Kritiker. Was ist daran links, was progressiv?, frage ich mich. Und: Seid ihr noch bei Trost? Oder sind wir eure Kuscheltiere geworden?« Die Reflexe der Wohlmeinenden sind oftmals nur der Reflex der Selbstvergewisserung, auf der richtigen Seite zu stehen.

Da hat es die andere, die rechte Seite einfacher. Man sah sich nach »Köln« endgültig darin bestätigt, dass die »muslimisch-patriarchale« Kultur für »unsere Frauen« gefährlich ist, und entdeckte nun auf einmal den Sexismus und die Frauenrechte als Themen, was bei manchen Akteuren tatsächlich zu kuriosen Verwirbelungen geführt hat. Besonders hervorgetan hat sich eine im rechtskatholischen Milieu beheimatete, nun feministische Antifeministin, die die Ablehnung der fremden Kulturen mit feministischen Argumenten, also mit dem Rekurs auf Frauenrechte und die Gleichheit der Geschlechter flankierte.

Die Aufführung, die nach der Kölner Silvesternacht einsetzte, lief, wie sie laufen musste: Die Ereignisse wurden unisono verurteilt, aber polyfon beurteilt – je nach konkreter Rollenverteilung: Legitimation für eine verschärfte Asylpolitik den einen, ein Hinweis auf die Lebenslüge der Bundesrepublik, sich mit der eigenen Migrationsrealität zu wenig befasst zu haben, den anderen; Bestätigung, wie fremd die Fremden sind, den einen, ein Beleg für den autochthonen Sexismus, den es auch ohne Migration gebe, den anderen; ein Rückschlag für die Bewältigung von operativen Fragen der Betreuung von Flüchtlingen den einen, Anlass, der Angstkommunikation der Rechten entgegenzukommen, den anderen.

Nach Köln trat ein weiterer Akteur hinzu, nämlich das Grundgesetz. Identitätsfragen tauchten auf, die schwer zu beantworten waren. Jedenfalls wollte man den Flüchtlingen, die nun von abstrakt potenziellen zu konkret potenziellen Gefährdern geworden sind, belastbare Sätze darüber anbieten, wer wir sind. Dabei kam man auf die Verfassung, also das deutsche Grundgesetz, in dem angeblich steht, wie wir hier so leben. Ein Blick ins Grundgesetz hätte weitergeholfen. Unsere Verfassung besteht aus zwei Teilen, von denen der eine die Organisation des Staates und seiner handelnden Instanzen regelt – das kann nicht gemeint gewesen sein. Der andere Teil regelt die Grundrechte, die aber ebenso keineswegs die Art unseres Zusammenlebens definieren.

Nutznießer der Grundrechte sind die Bürgerinnen und Bürger, eingeschlossen auch diejenigen, die keine Staatsbürger der Bundesrepublik sind. Adressat sind freilich nicht sie, sondern der Staat selbst, von dem das Grundgesetz verlangt, dass er keine Gesetze und Verordnungen erlässt, die die Grundrechte infrage stellen. Wenn also im Grundgesetz etwas über die Gleichberechtigung von Mann und Frau steht, so regelt das Grundgesetz nicht, dass innerhalb der Gesellschaft kein Unterschied zwischen Männern und Frauen vorkommen darf. Es regelt nicht einmal Ungerechtigkeiten zwischen Männern und Frauen und auch nicht, ob es wie auch immer geartete Ungleichbehandlungen von Männern und Frauen gibt. Es schützt sogar Parallelstrukturen, jegliche Form von Religionsausübung, auch segregierte Milieus mit nicht mehrheitskonformen Angewohnheiten – als einzige Bedingung gilt, dass die Gesetze eingehalten werden, ansonsten ist das Grundgesetz detailunsensibel, hilft also in keiner Weise, die Frage nach der Identität der Deutschen und des Deutschen genauer zu beantworten.

Bereits Anfang der Nullerjahre hatte ein – ausgerechnet! – aus Syrien stammender deutscher Politikwissenschaftler, flankiert von Politikern in der Union, eine Debatte angestoßen, die als »Leitkulturdebatte« in die Annalen der Bundesrepublik eingegangen ist. Diese gut gemeinte Debatte sollte auch dazu beitragen, den Deutschen genügend Selbstbewusstsein zu vermitteln, essenzielle Standards des gesellschaftlichen Zusammenlebens zu formulieren, um so Migranten die Integration zu erleichtern. Dieses Vorhaben ist gescheitert – und zwar vor allem daran, dass jegliche Art der Festlegung auf oder von Kultur sogleich in Gefahr gerät, sich in allgemein gehaltenen Selbstverständlichkeiten ohne jeglichen Informationswert zu verlieren. Jeder Versuch, die Kriterien enger zu formulieren, würde unvermeidlich darlegen, wie unterschiedlich die Milieus, Lebensformen, sozialmoralischen Selbstverständlichkeiten und Erwartungen ohnehin schon sind – ganz ohne Migration. Exakt deswegen kapriziert sich das moderne Recht darauf, tatsächlich seine Normen möglichst weltanschauungsneutral zu formulieren, um in pluralistischen Gesellschaften überhaupt normative Erwartungssicherheit für ganz unterschiedliche Fälle anzubieten.

Paradoxerweise steht am Ende einer solchen Debatte die Einsicht, dass die Funktion einer definierten »Leitkultur« darin besteht, zu zeigen, dass es so etwas wie eine enge Leitkultur nicht gibt und nicht geben kann. Womöglich für den Rechtspopulismus und rechtskonservative Statements Anlass genug, sich auf die allgemeine Kontingenzformel des »Eigenen« im Unterschied zum »Fremden« zu beschränken. Wie lächerlich dies dann seinerseits werden kann, konnte man vor der Fußball-Europameisterschaft erleben, als der schon erwähnte AfD-Herrenreiter infrage gestellt hat, dass die deutsche Nationalmannschaft wirklich deutsch ist – wegen der fremdländischen Namen und der Hautfarbe mancher Spieler.

Was in all diesen Reflexen verloren geht, ist die Möglichkeit, über so etwas wie Kultur genauer nachzudenken – auch über kulturelle Differenzen, die es ja gibt und die eine natürliche Folge von Migration sind. Der übliche linke Reflex dagegen ist, dass Kultur nur eine nachgeordnete Rolle spielt, der übliche rechte Reflex ist, dass Kulturen eben nicht miteinander kompatibel seien. Wie es bei all diesen Reflexen ist: Beide haben einen diskutablen Gehalt.

Es stimmt, dass die Kulturalisierung von Konflikten dann besonders wahrscheinlich und drastisch wird, wenn sich gruppenbezogene Kriterien von Ungleichheit auf Karrieremuster, Wohnungsmarkt-, Arbeitsmarkt- und Heiratsmarktchancen vor die anderen Selektionskriterien schieben. Dass der Islam als kulturelle Chiffre in der Fremde oftmals erst in der zweiten oder dritten Generation als Identitäts- und Behauptungsressource entdeckt wird, bestätigt diesen Befund. Das ist der Hintergrund für die Figur des »kulturellen Rassismus«, die beschreiben soll, wie kulturelle Zuschreibungen naturalisiert werden. Das Motiv geht auf den bereits erwähnten Gründer der Kritischen Theorie zurück, bei dem es lapidar heißt: »Das vornehme Wort Kultur tritt anstelle des verpönten Ausdrucks *Rasse*, bleibt aber ein bloßes Deckbild für den brutalen Herrschaftsanspruch.« Kultur bleibt am Ende dann eben doch Überbau als bloßer Spiegel der und Reaktion auf die eigentlichen Verhältnisse.

Auf der anderen, der rechten Seite ist auch richtig, dass es Praktiken gibt, die kulturell geprägt und bisweilen nicht miteinander kompatibel sind – was übrigens im Falle der Flüchtlingskrise auch für die Flüchtlinge selbst gilt. Im *Kursbuch 185* hat ein Autor die Flüchtlingssituation aus der Perspektive der Flüchtlinge erzählt, deren Kulturschock bisweilen dem autochthoner Beobachter in nichts nachsteht. Was von linker postkolonialer Seite die These vom kulturellen Rassismus ist, ist von rechter Seite der identitäre Diskurs, der gerade nicht die Gleichheit, sondern die Verschiedenheit zum grundlegenden Kriterium des Gesellschaftlichen erklärt. In einem »Manifest der Kulturen« eines französischen Philosophen und Publizisten, das zur Blaupause für die deutsche »identitäre Bewegung« geworden ist, wird die Rehabilitierung der Verschiedenheit als Ordnungskriterium zum Ausgangspunkt für Segregation, für einen räumlich separierten Multikulturalismus und damit für ein identitäres Selbstbewusstsein der europäischen Völker erklärt.

Ein niederländischer Forscher hat in seinem vor vielen Jahren verfassten Bestseller bereits schonungslos darauf hingewiesen, wie anstrengend und wie belastend Migration ist – für alle Beteiligten. Auch hat er immer wieder betont, dass es nichts hilft, eher schwachen Mitgliedern der Aufnahmegesellschaften böse Absichten und einen kulturellen Rassismus zu unterstellen, wenn sie am Beispiel von Migrationsfolgen auch ganz andere Probleme bearbeiten. Er hat aber genauso gezeigt, dass es völlig unangemessen ist, Einwanderern welcher Art auch immer Integrationsverweigerung zu unterstellen. Er plädiert dafür, die Grautöne zwischen den Konfliktparteien zu sehen, und ist damit zu einem der wichtigsten Akteure in der Migrationsdebatte geworden, mit Sätzen wie diesem: »Das ist das liberale Paradoxon: Die offene Gesellschaft ist auch für diejenigen da, die einem geschlossenen Weltbild anhängen und die Wechselseitigkeit ablehnen, auf die ich all meine Hoffnungen setze. Religiöse und weltliche Orthodoxie gehört dazu, doch eine offene Gesellschaft lebt natürlich von einer Mehrheit, die solche Vorstellungen letztendlich verwirft. Eine solche Mehrheit kommt nicht von alleine zustande, im Gegenteil, und gerade deshalb ist die offene Gesellschaft so verletzlich.«

Reflexe

In einem Interview mit einer Wochenzeitung hat der Hausphilosoph der AfD »Thymos« eingefordert, also emotionale Wallung, um die Wut über die Überfremdung der Gesellschaft und den Verlust einer stabilen Identität zu kompensieren, die emotionale Bindung gegen die Zersplitterung der Welt setzt. Er sagt: »Die Frage nach dem Volk ist eine fast schon metaphysische, und wie alle Fragen dieses Typs kann sie leicht zu totalitären

Antworten verführen. In der empirischen Wirklichkeit liegt die eigentliche Gefahr aber nicht in einer totalitären Machtergreifung des Volkes, sondern im Gegenteil in der Zersplitterung in zu viele Einzelinteressen, die in der Summe nicht zum Wohl des Ganzen arbeiten.« Alles scheint eine Frage des Ganzen zu sein, eine Frage der kollektiven Identität, eine Frage der emotionalen Bindung und einer nicht weiter begründbaren Vermessung unbedingter Solidarräume, für die man keine Gründe braucht, weil sie sich quasi natürlich oder naturrechtlich ergeben. Das ist die typische Reaktionsform derer, die das gesellschaftliche Ordnungsproblem von rechts aus betrachten.

Es gibt diese thymotischen Reflexe übrigens auch von links. Auf die Krise folgt ein Selbstauslöser, der der Entsolidarisierung der Gesellschaft durch gewissermaßen natürlich gegebene Solidarräume des »Eigenen« entgegenwirken will. Im politischen Raum ist das am deutlichsten bei einer Führungsfrau einer Nach-Nachfolgepartei anzutreffen, wo man sich womöglich noch an die Semantik des »sozialistischen Vaterlandes« erinnert, heute freilich von ihr formuliert mit den Figuren der sozialen Marktwirtschaft in der Version des zweiten Kanzlers der Bundesrepublik. Mit mehr Aktualitätsbezug bringt es ein französischer Soziologe im Interview mit einer deutschen Wochenzeitung zum Ausdruck: »Dass die Linken rechte Argumentationen übernehmen, sieht man aber leider immer häufiger: Die Rhetorik von Podemos ist genau die gleiche wie die des Front National. Ich will Pablo Iglesias natürlich nicht mit Marine Le Pen vergleichen, und wenn ich in Spanien leben würde, würde ich für Podemos stimmen. Aber die Rhetorik ist vergleichbar: Die Nation gegen die Oligarchie, die Heimat gegen die Finanzelite, das Volk gegen die da oben. Nur: Wer soll das Volk überhaupt sein?« Nun, die Antwort ist recht einfach: Wir! Das ist das Einzige, was das Drehbuch in der öffentlichen Debatte vorsieht. Die Grundreaktion heißt: Wir. Es gibt nichts anderes als dies: Identitäten gegen die anstrengende Moderne zu behaupten. Noch einmal der französische Soziologe: Die Linken »wollen verloren geglaubte solidarische Räume wieder herstellen: das Dorf, die Gemeinde, das Café. Ich mag Dörfer und Cafés wie jeder andere auch, aber doch nicht als politisches oder intellektuelles Programm. Wir übersehen, dass die gesamte Moderne gegen diese alten Solidaritäten gerichtet ist.« Einer der deutschen linken Philosophen, der gerade ein Buch über die Rehabilitation des »Sozialismus« geschrieben hat, hat, ganz aristotelisch, die Freundschaft ins Zentrum der gesellschaftlichen Solidarität gestellt – als sei das eine realistische Perspektive für eine komplexe Welt, in der die Flüchtlingskrise nur deshalb so starke Selbstauslöser triggert, weil sie so viel Sichtbarkeit produziert. In ihren Reflexen sind sich die Akteure dann – trotz aller Unterschiedlichkeit – ähnlicher, als es allen Seiten lieb sein kann.

Abblende

Jenseits dieser Debatte freilich reagiert die Gesellschaft unthymotisch: Mediale, künstlerische und politische Akteure üben sich nach ihrer eigenen Logik in einer sehr lauten Reaktion, die anderen Instanzen der Gesellschaft tun, was sie tun müssen. Die Justiz bereitet Verfahren vor und sorgt für erstaunlich geordnete rechtsstaatliche Bewältigungsformen; die Kommunen setzen Unterbringungspläne um; Schulen stellen sich auf die neuen Schülerinnen und Schüler ein; in Krankenhäusern und Arztpraxen werden unbürokratische Lösungen für Flüchtlinge gefunden; nachbarschaftliche Hilfe orientiert sich weniger an den großen Fragen als an den kleinen Hilfen; Universitäten ermöglichen es entsprechend vorgebildeten Flüchtlingen, Studienleistungen auf Vorrat zu erbringen; und für die Wirtschaftsverbände und Industrie- und Handelskammern stellen sich Integrationsfragen ganz pragmatisch als Fragen danach, wie sich Flüchtlinge möglichst schnell für Bereiche qualifizieren lassen, um es Branchen zu ermöglichen, in strukturschwachen Regionen an Arbeitskräfte zu kommen, Möglichkeiten bieten, vom Transferempfänger zum Lohnempfänger zu werden. Alles Reflexe ohne Thymos, sondern eher pragmatisch bestimmt.

Die Flüchtlingskrise wird als Identitätskrise erfahren und als praktische Herausforderung bearbeitet. Das Drehbuch Deutschland sieht hier eine interessante Entkoppelung vor. Trotz der Radikalisierung der öffentlichen Diskussion und der aus der Deckung kommenden Thymotiker unterschiedlicher Couleur, trotz der Verschärfung des öffentlichen Tons und trotz der gerade am rechten Rand bedenklichen Ethnisierung von Konflikten ist die Praxis dieser Gesellschaft unaufgeregter, als es der Blick in die Zeitungen, Radiostationen und Fernsehkanäle, vom Netz ganz zu schweigen, nahelegt. Zum Drehbuch gehört offensichtlich auch, dass nicht nur das geschieht, was auf der sichtbaren Bühne zu sehen ist, sondern auch Beleuchter und Kartenabreißer, Programmdirektoren und Dramaturgen, Hausmeister und viele andere an seiner Realisierung beteiligt sind. Es sind gewissermaßen die im Drehbuch nicht genannten, aber gerade deshalb immer schon mitgemeinten Akteure, von denen es abhängt, dass auf der Bühne Radau möglich ist. Damit man auf der Bühne sagen kann, dass es nicht funktioniert, muss hinter und auf der Bühne alles funktionieren – was es in aller Regel auch tut.

Die öffentlichen Reflexe tun immer so, als lebten wir in Katastrophen und als löse sich alles in der Unübersichtlichkeit auf. Aber da ist kein Zerfall von Strukturen: Das Gegenteil ist der Fall. Wir können den ganzen Tag darüber reden, dass die Welt nicht funktioniert, aber sie kümmert sich überhaupt nicht darum. Sie macht einfach weiter. Das ist gut so. Sie hat eine gewisse Trägheit. Und hier in Deutschland geht es anders als in anderen Weltregionen, etwa in denen, aus denen die meisten Flüchtlinge kommen, an keinem einzigen Tag ums Ganze. Das macht die zivilisatorische Bedeutung moderner, komplexer und unsteuerbarer Gesellschaften aus. Das heißt nicht, dass es keine Probleme gibt. Erst in einer solch trägen Struktur kann man sich mit den Detailproblemen auseinandersetzen: soziale Ungleichheit und Gerechtigkeitsfragen, Bildungsfragen, ökologische Fragen, moralische Standards, Integration und angemessene geplante Migrationspolitik. Moderne, komplexe Gesellschaften haben die Reflexe vervielfältigt und voneinander entkoppelt. Das macht alles noch schwerer – aber paradoxerweise auch stabiler. Die Flüchtlingskrise ist ein Beispiel dafür, dass jeder neue Tag zeigt und beweist, dass man sich die Rhetorik des Untergangs auch leisten können muss – weil man erwarten kann, dass die Strukturen so stabil sind, dass man auch morgen noch von der Untergangsrhetorik profitieren kann.

In geradezu ästhetischer Zuspitzung kommt dies in der Politik des Freistaates Bayern zum Ausdruck. Die das Land regierende Regionalpartei, wohl noch als späte Nachwehe des Kulturkampfes im 19. Jahrhundert nicht nur Landesverband der christlichen Demokraten, sondern eigenständige Nervensäge, betreibt beides. Sie redet alles schlecht und hat gleichzeitig über 500 Millionen Euro zusätzlich in den Haushalt gestellt. Semantisch aber verschweigt sie das nicht nur, sondern behauptet sogar das Gegenteil – in der Hoffnung, dass ihnen die Rechten nicht den Wahlspaß verderben. Die größten Kritiker des Satzes der Bundeskanzlerin, dass wir das schaffen, beweisen, dass die Kanzlerin recht hatte. Solch eine Widersprüchlichkeit kann man sich nur in einer Gesellschaft leisten, deren Drehbuch voneinander entkoppelte Rollensets vorsieht. Und so wird diese manchmal zu Schizophrenie und allzu viel Thymos neigende Regionalpartei wie in einem Brennglas zur Parabel für die Reflexe, die im Land durch die Flüchtlingskrise ausgelöst wurden. Wer hätte das gedacht?

Sozialstaat!

TITEL

Eine Frage der Gerechtigkeit

UNTERTITEL

2

SZENE

Aufblende

Der deutsche Sozialstaat gerät in Gefahr. Flüchtlinge und Migranten aus anderen Kulturen und Ländern bilden die neue Konkurrenz um staatliche Versorgungsleistungen. Dadurch drohe die Fürsorge für deutsche Bedürftige – Rentner und Hartz-IV-Empfänger – in Gefahr zu geraten. Politiker und Medien beginnen, die jeweiligen Gerechtigkeitskonstruktionen als Reflexe und reflexive Zustimmungsräume in Stellung zu bringen. In den Turbulenzen bilden sich stabile bis paradoxe Meinungskoalitionen. Rechts taucht auf, wo gerade noch links stand. Und links mäandert ins Delta des Unübersichtlichen.

Akteure

- Wirtschaftsminister
- Bundeskanzlerin
- Früherer Minister mit sozialem Gewissen
- Kronprinz einer regionalen Regierungspartei
- Großsoziologe
- Drei Vordenker der sozialen Marktwirtschaft
- Politiker und Funktionäre
- Publizisten und Vordenker
- Linke Rechtsnationalisten
- Rechte Linksnationalisten
- Volk

Reflexe

In Zeiten sinkender Wählerzustimmung tritt der Wirtschaftsminister auf und zündelt: »In die Gesellschaft hat sich ein Satz gefressen: ›Für die Flüchtlinge macht ihr alles, für uns macht ihr nichts.‹« Das Spiel der Reflexe kann beginnen. »Ein Wohlfahrtschauvinist«, ruft ein Politikwissenschaftler unmittelbar retour und bezieht sich auf die Denkfigur, wonach gesellschaftliche Homogenität die Voraussetzung für einen gelingenden Sozialstaat ist. Und eine junge Journalistin einer großen deutschen Sonntagszeitung reagiert ebenso zügig: »Um gesellschaftliche Unruhe zu vermeiden, muss man den Einheimischen nach dieser Logik in Zeiten hoher Einwanderung ausdrücklich zusichern, dass ihnen durch die Neuankömmlinge kein Nachteil entsteht.« Das Volk bezieht Stellung. Der »kleine Mann« reklamiert sozialstaatliche Versorgung und will keine Konkurrenten neben sich haben. Der Sozialstaat soll seine Pforten nur für die Richtigen öffnen. Ein deutscher Rentner dürfe vom Staat schließlich nicht weniger bekommen, als ein jugendlicher Flüchtling den Staat koste – meint der Kronprinz einer Landesregierung im Süden des Landes.

Tiefenschärfe

Der Sozialstaat wird als Spielwiese oberflächlicher Reflexe und Reiz-Reaktions-Muster benutzt und instrumentalisiert. Anhänger und Gegner rotten sich im Gefühl der Meinungshoheit jeweils zusammen. Es bedarf deshalb einer tiefer gehenden Betrachtung, um diese kurzatmig öffentlich inszenierte Oberflächenspannung besser zu verstehen und die darunter liegenden Gesteinsschichten zu erkennen.

Wir richten den Blick deshalb zunächst zurück in die Zeit vor 150 Jahren. Als nämlich der Sozial- oder Wohlfahrtsstaat sich im Gefolge der ersten Phase der Industrialisierung in Deutschland herausgebildet hat. Dabei hat sich ein paternalistisches Staatsverständnis verfestigt, demzufolge einerseits der Staat Souverän und Fürsorger seiner Bürger ist, andererseits der Bürger als ein mit Teilhaberechten ausgestattetes Mitglied einer sozialen Gemeinschaft definiert ist. Das bedeutet: Der Sozialstaat fordert und fördert, er fordert die politische Loyalität der Bürger und fördert deren individuelle Wohlfahrt. Das Herzstück jedes Sozialstaats ist die Inklusion.

Reflexe

Stimme eines Großsoziologen aus dem Jenseits: »Jede Person muss danach Zugang zu allen Funktionskreisen erhalten können. Jeder muss rechtsfähig sein, eine Familie gründen können, politische Macht mit ausüben oder doch mit kontrollieren können; jeder muss in Schulen erzogen werden, im Bedarfsfalle medizinisch versorgt werden, am Wirtschaftsverkehr teilnehmen können. Das Prinzip der Inklusion ersetzt jene Solidarität, die darauf beruhte, dass man einer und nur einer Gruppe angehörte.«

Jeder Bürger erwirbt also ein Set an politischen und sozialen Rechten, über die er in die Gemeinschaft integriert ist, aber auch die Ausgangsposition festigt, seine Lebenspläne in freier Selbstbestimmung und Selbstorganisation verwirklichen zu können.

Der Sozialstaat basiert bis heute auf dieser beiderseitigen Gewinnstrategie. Die Marginalisierung einer Gruppe (siehe Wirtschaftsminister und Kronprinz) ist nicht Teil dieser Denkfigur.

Auftritt der Bundeskanzlerin. Nach langem Wir-schaffen-das-Jubel erinnert sie sich im Umgang mit den Flüchtlingen an das sozialstaatliche Prinzip: fordern und fördern. Anerkannten Asylbewerbern solle etwa »zur Vermeidung von sozialen Brennpunkten« ein bestimmter Wohnsitz zugewiesen werden. Gleichzeitig werden Flüchtlingen, die Integrationsmaßnahmen ablehnen, die Leistungen gekürzt. Der eingangs zitierte Wirtschaftsminister im semantischen Schlepptau: Die Koalition wolle keine »zwangsassimilierten, ängstlichen Integrationssimulanten«. Integration sei anstrengend, doch »wer zu uns gehören will, wird nun bessere Möglichkeiten haben«. Der Wirtschaftsminister bewirtschaftet weiter sich selbst.

Womit wir wieder am Anfang stehen. Zu uns gehören! Inklusion! Nur dann öffnet der Sozialstaat sein Mäntelchen. Semantisch lässt sich dahinter ein wohlbekanntes, bipolares Ränkespiel inszenieren, um den Sozialstaat auszuhebeln. Hier die dauerhaften, dort die flüchtig Bedürftigen. Hier die Deutschen, dort jene, die sich der Inklusion erst würdig erweisen müssen. Die Flüchtlinge werden volksnah zur Gruppe degradiert und als solche zunächst semantisch und physisch in Zeltstädten und Turnhallen zwischengelagert. Der sozialistische Internationalismus, der jeder verfolgten und gefährdeten Person Heimstatt und Schutz gewährt, strandet so im neolinken Nationalismus, der eine Hierarchisierung im Sozialstaat vornimmt und den Inklusionsgedanken malträtiert.

Achtung: Auftritt einer rechten Linksnationalistin, die mit ihrem Zwischenreflex bildlich gesprochen auf diesem semantischen Wirbelkörper Platz nimmt und völlig überraschend das Hohelied des Nationalstaats singt. Demokratie und Sozialstaat seien in Nationalstaaten erkämpft worden und Demokratie lebe nur in Räumen, die für die Menschen überschaubar sind. EU und Supranationalismus sind in ihren Augen eher Teufelswerk. Da trifft es sich gut, dass ihr geistiger Ziehvater vor Jahren eine *Streitschrift für eine gerechte Gesellschaft* verfasst hat. Ein guter Deutscher, so der ihr äußerst nahestehende Ziehvater darin, muss seinen Wohnsitz in Deutschland haben, deutsch sprechen, angemessen Steuern zahlen und den Sozialstaat finanzieren. Woraus sich für ihn die Notwendigkeit ergibt, »die Zuwanderung zu begrenzen«. Denn Aussiedler, Bürgerkriegsflüchtlinge und Asylbewerber träten mit dem deutschen Michel in »Konkurrenz um Arbeitsplätze, Wohnungen und Lebenschancen«. Der Staat solle sich, so seine Folgerung, zuallererst um die »sorgen, die seine Bürger sind und sich, soweit sie Einnahmen haben, an der Finanzierung der Gemeinschaft beteiligen«.

◀ Tiefenschärfe

Man erkennt schnell, dass sich hinter dieser scheinbaren Politik für alle ein antisozialstaatlicher und rassistischer Reflexkern verbirgt: Wir lassen von außen keinen mehr dazukommen, damit die Einheimischen unter sich bleiben können. Wölfe im Schafspelz haben plötzlich Konjunktur. Eine neue kleine Rechtspartei packt den Volkszipfel bei der Hand. Ohne zu ahnen, worum der Sozialstaat im Eigentlichen ringt. Aus den Parteiritzen qualmt es hervor: »Der Sozialstaat für alle ist nicht sozial … Einen unkontrolliert immer weiter ausufernden Sozialstaat kann sich Deutschland auf lange Sicht nicht leisten.«

Jetzt aber schnell zurück in die tiefer liegenden Sedimentschichten des Sozialstaats. Denn in der Gewinnbeziehung zwischen Staat und Bürger wird eine interessante Paradoxie sichtbar. Der Sozialstaat kompensiert die Preisgabe seiner Macht (er beteiligt alle Bürger an politischen und sozialen Rechten) mit dem Zugehörigkeitsimperativ zu einer hierarchisch von oben gesteuerten Staatlichkeit. Der Bürger wiederum kompensiert seine politische Teilhabeverpflichtung mit der Preisgabe seiner Freiheit (dem Streben nach selbst organisiertem Leben).

Stimme eines Soziologen aus dem Off: »Die wesentliche Rolle des Staates im Kontext der Wohlfahrtsproduktion besteht in der Gewährleistung sozialer Rechte und in der Schaffung funktionsfähiger Strukturen der Leistungserbringung, deren Eigendynamik zur Schaffung von Selbststeuerungspotenzialen nutzbar gemacht werden kann.« Die Idee des Sozialstaats kann diesem Dilemma allerdings nicht entfliehen. Als Souverän und Fürsorger über seine abhängigen Bürger herrschen zu müssen und gleichzeitig mit ihnen dahin gehend zu kooperieren, sie als Selbstorganisierte in die individuelle Freiheit zu entlassen. Der Konflikt zwischen individueller Emanzipation und staatlicher Macht bleibt dauerhaft ungelöst.

Der Großsoziologe aus dem Jenseits: »Der Wohlfahrtsstaat erstrebt die Inklusion der Gesamtbevölkerung in das politische System der Gesellschaft. Dies geschieht auf der positiven, auf der beleuchteten Seite durch Gewährung von Vorteilen, die der Einzelne nicht selbst verdient hat. Auf der anderen Seite kommt es eben dadurch zu einer Verstärkung der Abhängigkeit der Lebensführung des Einzelnen von staatlichen Entscheidungen.«

Nochmaliges Abtauchen in die Geschichte des Sozialstaats. Seine Idee entfaltet sich am Ende des 19. Jahrhunderts infolge des Übergangs von der landwirtschaftlich geprägten zur industriewirtschaftlich dominierten Gesellschaft. Der Quantensprung hinsichtlich der Variationsbreite sozialer Prozesse ist beträchtlich. Der bürgerlich-kapitalistische Industrialismus produziert neue Kommunikations- und Aktionsräume in Form von sozialen Hierarchien und ungleichen Schichten. Es kommt zur Klassenbildung. Die industrielle Klassengesellschaft erfordert ein neues semantisches Reaktionsmuster seiner Mitglieder. Politische Parteien und Gewerkschaften werden zu ihren Fürsprechern. Erste Sozialgesetze sollen den kollektiven Machtaufstand von unten bändigen und ihm entgegenwirken.

In der Folge bilden sich verschiedene sozialstaatliche Kompensationsgeschäfte zwischen Staat und Bürger heraus. Mit dem Kriegssozialismus im Ersten Weltkrieg setzt sich zunächst die Vorstellung eines intervenierenden, steuernden, planenden und leistenden Staats in den Köpfen der Bevölkerung nachhaltig fest. Neben der Armenfürsorge wird beispielsweise eine Kriegsfürsorge etabliert, auf die alle Familien von Soldaten zurückgreifen können. Reform von oben, preußisch-deutsch eben. In der Weimarer Republik wird der Sozialstaat sukzessive ausgebaut, zunächst, denn mit der Weltwirtschaftskrise Anfang der 1930er-Jahre geraten Sozialstaat und Demokratie zunehmend unter Druck. Mit dem Nationalsozialismus, der sich selbst als sozialer Volksstaat versteht, wird der Staat als Dienstbote für sozialpolitische Wohltaten an die breite Bevölkerung funktionalisiert. Es bildet sich eine Art von Gefälligkeitsdiktatur mit groß angelegter Umverteilungspolitik unter der Knute eines völkisch-rassischen Sozialstaats. Mit Polizei und Geheimdienst etabliert der NS-Staat Agenturen gesellschaftlicher Gewaltandrohung und -ausübung gegen die »Volksgenossen«. Gleichzeitig werden diese mit sozialen Wohltaten überschüttet, um jede Form von Aufstand und Gegenmacht im Keim zu ersticken. Hinter der sozialstaatlichen Füllhornpolitik verbirgt sich allerdings eine funktionale Zurichtungspolitik: Es geht nicht um die soziale Sicherung des Einzelnen, sondern um die konsequente Zurichtung seiner Leistungsfähigkeit für die Zwecke des NS-Regimes.

Reflexe

Von oben nach unten national und unbegrenzt Wohltaten verteilen – eine Schliere in der Geschichte des Sozialstaats, die heute in ganz anderen Kontexten wieder fröhliche Urständ feiert: in der Verknüpfung mit der sozialen Gerechtigkeit.

Auftritt eines landesweit bekannten Leitartiklers, der die Zerstörung sozialer Gerechtigkeit anprangert. »Das Kapital hat gesiegt. Um nun noch reicher zu werden, braucht es die Arbeit immer weniger. Die Arbeit, die es noch braucht, will es sich auf der ganzen Welt preiswert aussuchen, weil es überflüssig gewordene Arbeitnehmer fast überall im Überfluss gibt ... Ausbeutung war gestern; Entlassung ist heute.« Die Logik dahinter ist klar: Unternehmen entlassen massenhaft Arbeitskräfte, die vom Gemeinwesen weiter alimentiert werden müssen. Doch die Arbeitslosen strangulieren den Sozialstaat. Das Ergebnis ist, die Unternehmen scheffeln nur noch Gewinne für ihre Eigentümer, der Staat bricht unter seinem Schuldenberg zusammen. Oder anders gesagt: Die Wirtschaft beutet konsequent die Leistungsfähigkeit des Einzelnen für seinen Profit aus. Weil aber

Unternehmen Gewinne primär für die Eigentümer und nicht für das Gemeinwohl erzielen, müssen sie über Steuern und Abgaben gezwungen werden, dem Gemeinwohl zu dienen. So der Leitartikler heftig auf den Boden stampfend.

Tiefenschärfe

Die Ökonomie verwässert die Inklusion und wird zum treibenden Faktor im öffentlichen Zeitgespräch. Die liberalen Ökonomen der 1950er-Jahre hatten die damit verbundene Gerechtigkeitsverwerfung bereits geahnt und versucht, frühzeitig gegenzusteuern. Es entwickelte sich die Idee der sozialen Marktwirtschaft. Einer ihrer Vordenker warnte sowohl vor den Gefahren einer erneuten Zentralverwaltungswirtschaft als auch vor »einer Versumpfung des Kapitalismus«. Er trennte strikt zwischen staatlicher und privater Machtausübung. Wettbewerb und Wirtschaftsfreiheit des Einzelnen waren einerseits unantastbar, es war sogar die Kernaufgabe des Staats, diese zu stärken. Andererseits sollte der Staat regulierend eingreifen dürfen, mit »Vorkehrungen gegen anomales Angebotsverhalten, Monopolkontrolle, einer begrenzten Einkommenspolitik und der Korrektur externer Effekte«. Ein weiteres Mitglied der ordoliberalen Forschungs- und Lehrgemeinschaft an einer Universität im Südwesten des Landes beschäftigte sich weiter gehend mit dem Zusammenhang zwischen Zivilgesellschaft und Wirtschaftsverfassung in Form eines freien Marktwettbewerbs. Die Zivil- oder Privatrechtsgesellschaft beschrieb er als ein Regelsystem (Privatrecht), »das dem Kooperieren und Koexistieren von gleichberechtigten Trägern autonomer Individualpläne«

diene. Privilegien für Einzelne oder Interessengruppen, zum Beispiel Subventionen, waren darin verpönt. Der Leitbegriff der Freiburger Schule war der »rechtlich geordnete Leistungswettbewerb«.

Einem weiteren Namensgeber der sozialen Marktwirtschaft gelang es schließlich, Staat und Wirtschaft begründungslogisch zu versöhnen. Ziel war es für ihn, »das Prinzip der Freiheit auf dem Markte mit dem des sozialen Ausgleichs zu verbinden«. Beide Extreme, den zügellosen Kapitalismus und die zentral gelenkte Planwirtschaft, wollte er sowohl mit der staatlich garantierten Wettbewerbsordnung als auch einer neuen Sozialpolitik verhindern.

Kein Wunder, dass in der Folge Wettbewerb und Sozialstaat den Ausgleich suchten, über Jahrzehnte hinweg. Ende der 1990er-Jahre passierte dann aber plötzlich eine steile Semantikradikalisierung. Stichworte: New Economy und Hartz IV. Erste Scharmützel wurden ausgefochten. Wirtschaftslibertäre reisten zu den Sternen, Sozialpolitiker in die Abgründe. Die beiderseitige Gewinnstrategie des Sozialstaats kannte plötzlich nur noch das Entweder-oder, wirtschaftsfeindlich oder wirtschaftsfreundlich. Damit verlor der Inklusionsgedanke in der aufkommenden Wirtschaftsliberalisierung und Globalisierung seine Kernprogrammierung all over the world.

Vorläufig letzter Auftritt eines berühmten früheren Ministers mit sozialem Gewissen, der verzweifelt daran erinnert: »Soziale Marktwirtschaft versucht Wettbewerb und sozialen Ausgleich, Leistung und Solidarität in Balance zu halten. Das Prinzip des Abwägens gehört zu den konstituierenden Elementen der sozialen Marktwirtschaft.«

Nüchtern resümiert ein früher Online-Publizist: »Der Kapitalismus wird ab jetzt zur Anklagebank geführt. Der neue, ungezügelte Kapitalismus müsse gebändigt werden. Egalitarismus und Solidarität als Eckpfeiler der Verteilungsgerechtigkeit würden dem globalen Profit- und Gewinnstreben geopfert, die rechtsstaatliche Ordnung als oberste Gerechtigkeitsinstanz werde auf der globalen Bühne eines Raubtierkapitalismus ausgehebelt.« Die mühsam installierte Balance zwischen Sozialstaat und Wirtschaft wird Stück um Stück ausgehebelt. Die Wirtschaft werde zum Sargnagel des Sozialstaats. Der Sozialstaat gefährde die schillernde Welt der Wirtschaft.

Auftritt auf leisen Sohlen: Ein englischer Gutmenschsoziologe meldet sich zu Wort: »Die Entstehung neuer globaler Märkte, die wissensbasierte Ökonomie und das Ende des Kalten Kriegs haben die Möglichkeiten der Nationalstaaten beschnitten … die immer zahlreicheren Sozialleistungen zu erbringen. Die Bewältigung der Zukunft erfordert Chancengleichheit, persönliche Verantwortung und die aktive Beteiligung von Bürgern und Gemeinschaften.« Feinsemantisch wird die Sozialstaatsidee jetzt auf den Schultern der Bürger abgeladen. Jeder sollte, so der Engländer, sein »Wohlergehen im Sinne einer Verwirklichung selbst gesteckter Ziele aus eigener Kraft mehren«. Aushalten müsse man nur, dass manche Menschen sich schneller und erfolgreicher entfalten. Dies wiederum schaffe zwar soziale und materielle Ungleichheit, könne aber in der Vielfalt der neuen Möglichkeiten und Chancen wieder abgemildert werden. Die Selbstverwirklichung des Einzelnen und seiner Lebenschancen bleibt oberstes Gebot von Sozial- und Wirtschaftspolitik. Benachteiligt sei deshalb jeder, der in seiner Freiheit beschnitten wird, seine Möglichkeiten zum eigenen Vorteil zu nutzen.

Raffinierter kann man Hartz IV kaum begründen. Die autonome Person wird aus den Fängen des Sozialstaats in die Wirtschaft überstellt. Peu à peu. Auftritt eines Rechtswissenschaftlers: »Das Ideal der autonomen Person besteht in der Möglichkeit, die Art und Form des Lebens, welches man führen will, autonom zu bestimmen, sofern dies mit der gleichen Freiheit von anderen verträglich ist … Autonome Personen mit eigenverantwortlicher Lebensführung sind aber auch von sozialen Ressourcen abhängig, die nicht ohne Weiteres zur Verfügung stehen, sondern erst beschafft werden müssen. Diese müssen sie sich selbst erwirtschaften und jeder ist aufgefordert, unter gebotener Aufbietung seiner Kräfte und Fähigkeiten für sich selbst zu sorgen.«

Man sieht: Der Übergang von einem Ringen um die Balance zwischen Sozialstaat und Markt hin zu einem gegenseitigen An-die-Wand-Stellen wird semantisch in unterschiedlichen Windstärken aktualisiert. Bis heute dauert er an. Kapitalismuskritiker und Wirtschaftslibertäre bedienen sich fleißig aus ihren jeweiligen Diskursarsenalen.

Ein Beispiel: Die Ära der New Economy kann als starke semantische Revitalisierungsströmung des freien Marktliberalismus interpretiert werden. Der selbstregulierte Markt wird erneut zum Leitbegriff eines zunehmend global agierenden Marktfundamentalismus. Damit einher geht ein immenser Individualisierungstrend in der Arbeitswelt. Der Selbst- und Lebensunternehmer, der in der Multioptionsgesellschaft die sich ihm bietenden Chancen und Möglichkeiten permanent nutzt und sich dadurch selbst bestimmt und verwirklicht. Auftritt der berühmtesten schwedischen Wirtschaftsanarchisten: »Auf der ganzen Welt beginnen die Menschen, ihr Recht wahrzunehmen, sich selbst auszudrücken … Der Riff unserer Zeiten ist der glorreiche vielseitige Sound des Individualismus!« Jeder wähle selbst, wie er aussehen möchte, was er tun wolle und wie er sein möchte. Man wechsle Identitäten wie Hemden. »Wir leben in einem kosmopolitischen Karaoke-Club mit nie da gewesenen Wahlmöglichkeiten – 1958 Songtitel und 1966 verschiedene Lebensstile. Wir können unsere neu gewonnene Macht ausüben und uns selbst wie nie zuvor ausdrücken. Wir können sein, wer wir sein möchten. Pop-up-Persönlichkeiten. Reality-TV in der Wirklichkeit.«

Gleichzeitig zementiert sich ein breiter, malmender Strom fundamentalster Ökonomieverachtung. Auftritt eines Großzerberus dieser Spezies: »Wir erleben den Super-GAU des Systems, die lange vorausgesagte, aber vielleicht nicht ernsthaft erwartete Katastrophe, den moralischen Meltdown … Gerechtigkeit, Gesetz, Gleichheit, Demokratie, Freiheit: Ein trübsinniger Kapitalismus hat uns diese Begriffe geraubt. Wir haben unsere Verantwortung delegiert – und dann ist sie im Dickicht furchtsamer Politiker, gieriger Banker und verständnisvoller Journalisten einfach verschwunden.«

Die geistige Nähe von rechtsradikalen Kleinparteileuchten und linken Defender-Epigonen lässt sich nicht mehr leugnen. Über den verbindenden Weg der Ökonomieverachtung kommt es schnell zu einer bizarren Sippenhaft des Politischen. Was ganz harmlos in den Nullerjahren als linke Globalisierungskritik begann, trifft sich heute auf den semantischen Schauplätzen umfassender völkischer Politikverdrossenheit gegenüber den Etablierten. Die Erosion des früher meinungsbildenden Establishments verweist auf einen erstaunlichen Diskursmechanismus. Aus Linken werden Rechte, und aus Rechten werden Linke. Der Markt ist dumm, Sozialstaat nur den Deutschen!

Rätselaufgabe: Von links oder von rechts?

- »Die Privatisierung der Welt schwächt die normensetzende Kraft des Staates … Der zeitgenössische Kapitalismus ist dumm und zynisch. Man muss ihn bekämpfen, isolieren und ausschalten.«
- »Geld ist in diesem Land genügend vorhanden. Es muss nur endlich wieder gerecht verteilt werden und der großen Mehrheit der Deutschen zugutekommen.«

Wenn wir diesbezüglich ein wenig tiefer bohren, erkennen wir schnell, dass sich in modernen Gesellschaften unversöhnliche Gerechtigkeitssemantiken etabliert haben, die das neue bipolare Denken und Sprechen über Sozialstaat und Markt aufs Erheblichste beeinflussen. Verteilungs- und Leistungsgerechtigkeit stehen sich unversöhnlich gegenüber. Während Verteilungsgerechtigkeit davon ausgeht, einen staatlich organisierten und gelenkten Ausgleich sowie Kompensierung für die ungerechte Verteilung unterschiedlicher Ressourcen, Chancen und Fähigkeiten in der Gesellschaft zu schaffen, will die Leistungsgerechtigkeit geradezu das Gegenteil, nämlich die freie Entfaltung und marktkompatible Anerkennung individueller Leistungsperformance. Sozialstaat und Markt als Begriffsreservoire stehen sich als eigenlogische Gerechtigkeitsformationen von Verteilung und Leistung ebenso widersprüchlich gegenüber. Das sozialstaatliche Menschenbild fußt auf der Annahme, der einzelne Mensch sei schwach und müsse bei Bedarf lebenslang unterstützt werden. Das marktgemäße Menschenbild wiederum kennt nur starke, leistungsbereite Optimierer, die sich lebenslang selbst am besten zu unterstützen wissen.

Die fehlende Verbindung zwischen diesen semantischen Vorratslagern hat zwei anschlusskommunikative Folgen für die moderne Gesellschaft:

1. Sozialstaat und Markt schotten sich gerechtigkeitstheoretisch voneinander ab und versuchen mit hegemonialen Diskursstrategien ihre jeweilige Gerechtigkeitssemantik durchzusetzen. Konsequenz: Der Sozialstaat schützt sich vor dem Markt, der Markt hält sich den Sozialstaat vom Leib.
2. Sozialstaat und Markt suchen über normativ-moralische Pfade nach Versöhnungs- und Kooperationsarchitekturen. Konsequenz: Der Sozialstaat fördert nicht mehr nur, sondern fordert jetzt.

Womit wir wieder bei der Integration von Flüchtlingen und unserer damit verbundenen sozialstaatlichen Ausgangssituation angelangt sind. Die einen schreien: Abschotten statt fordern und fördern (siehe 1). Die anderen: Fordern und fördern statt abschotten (siehe 2). Bloß wer das eine will, kann nicht so tun, als ob er das andere meint. Und umgekehrt. Eine Argumentationsarbeit, über die Medien die notwendige Aufklärung und notwendige Einmischung betreiben. Und damit Menschen in die Lage versetzen, Wölfe im Schafspelz von Schafen im Wolfspelz zu unterscheiden.

Schlussauftritt aller Akteure (in der bisherigen Reihenfolge)

Der Wirtschaftsminister will nächster Bundeskanzler werden. Er verspricht den Deutschen Deutschland und den Flüchtlingen, die Deutsche werden wollen, irgendwie auch. Unternehmen, Sozial-, Wirtschaftsverbänden und Gewerkschaften verspricht er mehr Markt und mehr Sozialstaat. Wie und wann es wem gefällt. Gerade schmiedet er ein Bündnis »Zukunft der Industrie«. »Gemeinsam wollen wir die Zukunft des Industriestandortes Deutschland gestalten.«

Der Kronprinz einer südlichen Landesregierung wird von seinem König bis auf Weiteres behindert. Seine volksnahe Xenophobie lässt er trotzdem auf allen Kanälen knallen. Als Impulsgeber größerer Reflexkaskaden wird er gerne von Medien missbraucht. Seine Auftrittsrate in Talkshows und angeschlossenen Funkhäusern steigt deshalb ins Unerträgliche. Dann fallen Sätze wie: »Nicht jeder, der in der Welt unterwegs ist, kann automatisch zu uns kommen.« Am schönsten bleiben einfach Dementis der Forderungen, die nie jemand gestellt hat.

Die Bundeskanzlerin will Bundeskanzlerin bleiben. Sie verspricht den Deutschen Europa und den Flüchtlingen die Türkei. Unternehmen, Sozial-, Wirtschaftsverbände und Gewerkschaften hält sie auf Distanz und spielt beide geschickt gegeneinander aus. Mit ihrem Dogma »Alle müssen aufhören, mehr auszugeben, als sie einnehmen« lässt sie jede sozialstaatliche Überbegehrlichkeit an ihrem Panzer abprallen. Inklusion gerät unter die Knute finanzieller Zurichtung. Da kommt Applaus aus der Mitte des Volkes.

Der Großsoziologe ist längst tot und kann nicht mehr direkt kommunizieren. Vermutlich würde er mit Blick auf Wirtschaftsminister und Bundeskanzlerin indirekt vom Versorgerstaat sprechen, »der seine Bürger infantilisiert, um sie als zu Versorgende dauerhaft und umfassend an sich zu binden«. Aus dem Publikum ruft ein Zuschauer: »Der Staat bezahlt Kurse für die Gestressten und die Adipösen ebenso wie für Migranten, die kein Deutsch können, er subventioniert private Business Schools und Flughäfen, richtet Trimm-dich-Pfade und Sonderforschungsbereiche ein und versorgt Teile der Bevölkerung mit Spaßbädern, Bundesgartenschauen oder Bühnenweihfestspielen.« Oder, wie es beim Großsoziologen heißt: »Die Dicken melden sich, die Unfallopfer, heruntergewirtschaftete Industrien, zu kostspielige Technologieentwicklungen.«

Die rechte Linksnationalistin schreibt Bücher, hält Vorträge, sitzt allwissend in Talkshows und verteidigt »scheinachtsam« den linken Wertekanon, inklusive Wähleranbiederung. So bleibt sie gleichermaßen anschlussfähig für Kapital und Wohlfahrt. Das bringt ihr große Anerkennung, aber auch manchen hämischen Spott. Persönliche moralische Ver- und Beurteilungen versucht sie ins Zentrum öffentlicher Debatten zu rücken. Damit schafft sie spielend jeden Hindernislauf in rechte und linke Meinungsarsenale. Ein Beispiel: »Wer sind die Leistungsträger? Für mich leistet eine Altenpflegerin oder eine Krankenschwester trotz schlechter Löhne weit mehr als ein Millionärserbe oder ein Investmentbanker.«

Der landesweit bekannte Leitartikler bleibt als Retter des Sozialstaats im Meinungsgeschäft. Immer wieder warnt er hingebungsvoll vor den Tücken von Hartz IV und der Erosion des inkludierenden Sozialstaats. Das hält die Sozialdemokraten im Innersten zusammen. Beispiel Hartz IV: »Der Betroffene steht in einem besonderen Gewaltverhältnis zum Staat; er ist mehr Untertan als Bürger, er ist Objekt von staatlichem Paternalismus. Das passt gut zu einem autoritären Kapitalismus, aber nicht zu einem Staat, der sich Sozialstaat nennt. Das passt vielleicht auch zu einer ›marktkonformen Demokratie‹, wie sie Angela Merkel postuliert hat. Der marktkonforme Demokrat ist aber nicht der Demokrat, den sich das Grundgesetz vorstellt.«

Der englische Gutmenschsoziologe hat sich europaweit mit der Denkfigur des aktivierenden Sozialstaats durchgesetzt. Die Bürger sollen sich stärker selbst versorgen als vom Staat aktiv versorgt werden. In einem berühmten Papier hatte er diesen dritten Weg wie folgt vorformuliert: »Ein Sozialversicherungssystem, das die Fähigkeit, Arbeit zu finden, behindert, muss reformiert werden. Moderne Sozialdemokraten wollen das Sicherheitsnetz aus Ansprüchen in ein Sprungbrett in die Eigenverantwortung umwandeln.« Der sozialdemokratische Sozialstaatsbegriff wird mit dem Begriff der Eigenverantwortung vom Kopf auf die Beine gestellt. Der Bürger wird jetzt zum Manager seiner selbst, zum selbstverantwortlichen Konstrukteur seiner Lebensplanung. »In der Lage zu sein, ›anders zu handeln‹, bedeutet, fähig zu sein, in die Welt einzugreifen beziehungsweise einen solchen Eingriff zu unterlassen mit der Folge, einen spezifischen Prozess oder Zustand zu beeinflussen.«

Um die schwedischen Wirtschaftsanarchisten ist es in letzter Zeit etwas ruhiger geworden. Unter dem Begriff »Funky Business« touren sie nach wie vor durch Europa, beruhigen nachfolgende Generationen, die an Überforderung und Sinnmangel im Job leiden, und begeistern frische Erstsemester in Business Schools in deren romantischen Erwartungsbildern einer Ökonomie ohne Grenzen. Die besten Sprüche lauten: »Wir müssen unsere Geschäfte im MTV-Stil führen. Sonst: Zap! Wenn Kunden Sie wirklich konstant mit neuen Ideen überhäufen, geben Sie ihnen einen Job oder suchen Sie sich einen anderen. Wenn Sie etwas wirklich Interessantes und Revolutionäres tun wollen, müssen Sie lernen, Ihre Kunden zu ignorieren. Wettbewerbsstrategien führen ins Nichts. Wir müssen sinnliche Strategien entwickeln. Heute stellen Menschen ein Unternehmen an – und nicht umgekehrt.«

Der nüchterne Online-Publizist ist wieder überwiegend in die Printwelt zurückgekehrt und versucht abseits jeder Medienhysterie, Ausgrabungen, Freilegungen und Tiefenanalysen in Wirtschaft, Gesellschaft und Politik zu fördern und zu fordern.

Abblende

1. Der Sozialstaat ist semantisch zu Tode geritten. Keiner weiß mehr so recht, was gerecht ist. Die Flüchtlingsfrage reaktiviert semantische Container und Begriffsfabriken, in denen sozialstaatliche Kleingeisterei betrieben wird. Politiker und

Minister klinken sich hier je nach aktueller Interessenlage ein, ziehen sich aber schnell wieder zurück, wenn der Beliebtheitsgrad sinkt. Das Volk treibt die Scharlatane vor sich her.

2. Aber keine Sorge. Der Sozialstaat wird semantisch immer wieder überarbeitet und weitergedacht. Moderne, plurale Gesellschaften stabilisieren sich über ihre überbordende Perspektivendifferenz und soziale Meinungsverteilung. Das ist der ideale Nährboden für die Reaktivierung der Gerechtigkeitsfrage und seiner Differenzialdiagnostik. Die Suche nach dem nächsten Gefahrenherd kann jederzeit beginnen und semantisch scharf gestellt werden. Das Problem besteht nur darin, die Tiefensedimente nicht außer Acht zu lassen und immer wieder deutlich zu machen. Denn Gesellschaft zeigt sich immer dort, »wo sie eine Form der Zusammengehörigkeit des Publikums erzeugt«. Hier zeigt sich ein anschlusskommunikatives Grundmuster jeder öffentlichen Erregungsarchitektur. Widersprüche und Paradoxien sorgen im täglichen medialen Planieren und Einebnen für nachträgliche Auflockerung und Neubepflanzungen. Die Menschen können sich neu ausrichten und zuordnen. Dafür braucht es Wirtschaftsminister und Gutmenschsoziologen ebenso wie rechte Linke oder linke Rechte. Man muss ja nicht gleich einer von ihnen sein.

Big Data!

TITEL

Eine Frage der Kontrolle

UNTERTITEL

3

SZENE

Aufblende

Big Data ist ein *big issue*. Nicht nur, weil es offensichtlich, wie der Name sagt, *big* ist, also mit großen Datenmengen umgeht, deren schiere Größe und Rekombinierbarkeit einen neuen Typus von Wissen erzeugt, der womöglich einer Medienrevolution gleichkommt. Es ist auch deshalb ein *big issue*, weil es fast überall zur Anwendung kommt und für die Beantwortung vertrauter Fragen ganz neue Antworten gibt. Nehmen wir die Frage der Kreditwürdigkeit. Geld ist ein Medium, das es erlaubt, Werte zu entzeitlichen, das heißt, über den Wert zu verfügen, bevor er realwirtschaftlich erzeugt worden ist. Der Kredit glaubt also daran, dass der Kreditnehmer in der Lage ist, die Rückzahlung mit entsprechendem Aufschlag zu leisten. Das Grundproblem des Kredits ist also eine Vertrauens- und Glaubensfrage. Traut man dem Kreditnehmer zu, dass er den Kredit wird bedienen können? Eine riskante Frage – deren Risiko übrigens dadurch gemildert werden kann, dass man die Zinsen erhöht. Wer eine schlechte Bonität besitzt, wird mit höheren Zinsen rechnen dürfen – und wer einen Kreditgeber mit allzu hohen Zinsforderungen wählen muss, wird womöglich nicht per Einschreiben an die ausstehenden Zahlungen erinnert, sondern vielleicht durch einen Besuch von Herren mit dem Baseballschläger.

Wie schwierig die Bestimmung der Bonität ist oder wie sehr sie sich auf allzu eingespielte Routinen verlässt, lässt sich an der US-amerikanischen Immobilienkrise ablesen, aber auch daran, dass man Staaten immer schon für besonders kreditwürdig gehalten hat, siehe die Staatsschuldenkrise – oder den spektakulären Kredit Jakob Fuggers an den späteren deutschen Kaiser

Ferdinand I. im frühen 16. Jahrhundert. Heute wird die Bonität über soziodemografische Daten (Beruf, Ausbildung usw.) festgestellt und kann bei Privatpersonen am Girokonto oder an sonstigem Geschäftsgebaren abgelesen werden. Wer sein Konto lange Zeit überzogen hat, wird keinen Kredit bekommen – und wer noch nie wirkliches Einkommen hatte, erst recht nicht. Einen Kredit bekommt man also fast nur, wenn man keinen braucht.

Hier können Firmen Abhilfe schaffen, die mithilfe von Big-Data-Strategien die Bonität einer Person genauer ermitteln können – und sie werben damit, dass es nun gerechter zugeht, weil auch diejenigen, die niemals kreditwürdig waren, Anwärter auf einen Kredit werden könnten – bei einiger Sicherheit für den Kreditgeber. Die Bonität wird anders gesichert. Daten aus bisherigem Konsumverhalten, Zahlungsmoral usw., das kannte man schon. Hinzu kommt nun zum Beispiel das Verhalten in sozialen Netzwerken. Wie viele Schritte ist jemand von eher solventen und wie viele von eher insolventen Gruppen entfernt? Auf Facebook kann man es nachverfolgen. Womöglich lassen sich Daten über das Suchverhalten auf Google oder über Risikostile des Lebens finden und aus Fotografien oder Themen in Chats, aus Meinungen und sogar aus der Wortwahl Schlüsse ziehen. Jedenfalls werden nun Datensätze miteinander kombiniert, die niemals dafür erhoben wurden, das Lebensprofil einer konkreten Person abzubilden. Ihre Rekombinierbarkeit aber erlaubt, genau das zu tun. Letztlich ist Big Data nichts anderes als ein großer Apparat der Mustererkennung mit dem Ziel, Durchschnittswerte und Regelmäßigkeiten an den Unregelmäßigkeiten konkreter Einzelfälle zu messen.

Das wirkt ebenso faszinierend wie bedrohlich – faszinierend, weil man so vieles sehen kann, was einem analogen Blick verschlossen bleibt, bedrohlich, weil man nicht recht weiß, wer es sehen kann. Das ist weit weg von der Euphorie am Beginn des Internetzeitalters, als man nicht an Passivität dachte, sondern an die Aktivierung des Einzelnen.

Akteure

- Französischer Begründer der postmodernen Philosophie
- Kulturjournalistin
- Altgriechischer Dialogphilosoph
- Humanistischer Philosoph aus dem 16. Jahrhundert
- Online-Zeitung
- Datenschutzbeauftragter eines nördlichen Bundeslandes
- Herausgeber einer großen deutschen Tageszeitung, verstorben
- Professor für Computerwissenschaften
- Juristin und KI-Unternehmerin
- In Stanford forschender Publizist
- Philosoph und Kulturwissenschaftler
- Bundesverfassungsgericht
- Neun bekannte Datenforscher
- Soziologe und Systemtheoretiker
- Datenschutzaktivistin

Der Grundreflex bei der Einführung neuer Medien und Wissenstechniken ist die Idee der Demokratisierung. Als Apple 1976 gegründet wurde und 1981 der erste Personal Computer von IBM erschien, stand beides für die Individualisierung der Datentechnik. In der *Bay Area* in Kalifornien hoffte man auf »virtuelle Gemeinschaften« und eine neue »demokratische Kultur«, träumte von Partizipation und Selbstkontrolle. Der französische Begründer der postmodernen Philosophie erwartete von der Öffnung und der Zugänglichkeit der Datenbanken eine subversive Demokratisierung der Gesellschaft und das Ende der »großen Erzählungen«, weil nun jeder über Material verfüge, Geschichten zu erzählen. Ein anderes Motiv war später die »Schwarmintelligenz«, an der faszinierte, dass sich im Netz alles Gute der Einzelnen zu etwas größerem Guten verbindet. Solche Reflexe haben offensichtlich nicht mit dem Schwarmhass gerechnet, der sich im Netz auch verbreitet.

Dass die »großen Erzählungen« es offensichtlich schwerer haben als zuvor, liegt vielleicht auch an der Popularität des Netzes, die sich vor allem solchen Plattformen verdankt hat, auf denen kleine Geschichten erzählt werden konnten und sollten. Im Medium der »Freundschaft«, historisch ebenfalls ein Schriftmedium, wenn man an die bürgerliche Konvention des Briefeschreibens denkt, entsteht eine ganz neue Form des öffentlichen authentischen Sprechens, in dem »Freundschaft« tatsächlich die Grundlage dessen wird, was im weltweiten Netz sichtbar wird. Schon die Bezeichnung zieht Kulturkritik an, denn es kann keine »echte« Freundschaft sein, die dort gepflegt wird, misst man diese am klassischen Ideal der exklusiven Freundschaft. In einer großen deutschen Tageszeitung schreibt eine bekannte Kulturjournalistin: »Den Bedrohungen der rapide wachsenden Globalisierung hoffen die postenden, chattenden, bloggenden Teilnehmer entrinnen zu können, indem sie den Globus mit einer rapide wachsenden Zahl von ›Freunden‹ bevölkern. Dass die Lebenszeit eines Individuums aber nicht ausreichen kann, auch nur hundert wahre Freunde zu haben, wird die Cybergesellschaft mit den Jahren begreifen. Das metaphorische Zimmer des anderen, seine Gedanken, Stimmungen, Gesichtszüge, Gesten, Geschichten – im Cyberspace werden sie auf Dauer nicht zu haben sein.« Diesen Reflex kennen wir aus allen Medienreflexionen: von der Kritik der Schriftlichkeit des Denkens durch den berühmtesten Dialogphilosophen der Antike über die Kritik an den »Schwärmen neuer Bücher« eines humanistischen Philosophen aus Rotterdam des 16. Jahrhunderts bis zur bürgerlichen Kritik am Fernsehen als Verdummungsquelle in den 1950er-Jahren. Dass all diese Medienformen stets neue Praktiken erzeugt haben und dass man sich an sie gewöhnen musste, gehört zu den stabilsten Reflexen überhaupt.

Tiefenschärfe

Die Semantik der Freundschaft erzeugt Verbindungen zwischen Menschen, die eben nicht mehr die vollständigen Relevanzen ihrer je unverwechselbaren Existenz teilen – was freilich schon ein Mythos war, als Freundschaft noch offline verabredet wurde –, sondern Selbstdarstellungsformen in Text und in Bildern im Netz einüben. Denn wie die klassische ist auch die Online-Freundschaft eine Quelle individueller Selbstdarstellung, was gerade in den sozialen Netzwerken und ihrer Gruppenästhetik die Utopien der virtuellen Gemeinschaften zu bestätigen scheint – und zugleich scheint sie die klassische Kulturkritik an der Oberflächlichkeit solcher Verbindungen zu widerlegen. Denn die virtuellen Gemeinschaften im Netz sind für die Nutzer bisweilen wirklich der Raum, in dem sie leben – allein daran zu erkennen, dass auch für die Facebook-Nutzer ähnliche Beratungsliteratur entsteht wie für frühere Jugendgenerationen, die noch in der einschlägigen Presse lesen konnten, wie man sich im Dickicht des Alltags zurechtfindet. Was in den 1970er-Jahren Zeitschriften wie *Bravo* waren, findet sich heute als Anleitung zur Einschätzung des Verhaltens auf Facebook. In einer Online-Zeitung heißt es: »Status-Mitteilungen bei Facebook verraten mehr über eine Persönlichkeit, als Sie vielleicht denken. Klar, wir alle kennen die Heulsusen, die mit ihren Posts ihrem gesamten Freundeskreis auf einmal ihr Herz ausschütten. Dann gibt es die Fitness-Freaks, die alle an ihrem Training teilhaben lassen wollen, und natürlich die Netz-Mütter, die jeden Schritt dokumentieren müssen, den ihre Kleinen machen.« Es folgt dann eine Typologie, die es offline ebenso gibt, mit entsprechenden Beispielen einschlägiger Posts.

Interessant daran ist freilich etwas anderes, nämlich der nachgerade ironische Hinweis darauf, dass es die Statusmeldungen seien, die Informationen über die eigenen Freunde lieferten. Ironisch ist das deshalb, weil das gesamte Geschäftsmodell »Facebook« nur deshalb funktioniert, weil durch die Praktiken der Nutzer Daten anfallen, die für erheblich komplexere Mustererkennungsmöglichkeiten bereitgestellt werden können. Ein Datenschutzbeauftragter eines nördlichen Bundeslandes schreibt: »Big Data liefert neue Einsichten in gesellschaftliche, ökonomische oder politische Sachverhalte, es ermöglicht die nutzenorientiert aufbereitete Darstellung von aus großen Datenbeständen generierten Mustern, wirklichkeitsnähere Planungen und effizientere Abläufe in Organisationen sowie einen sinnvolleren Einsatz von Ressourcen und mehr Transparenz. Werden mit Big-Data-Anwendungen personenbezogene Daten erfasst und ausgewertet, sind damit Risiken für die betroffenen Personen verbunden.« Das Entscheidende ist, dass diese hier beschriebenen Möglichkeiten für die Nutzer nicht nur unsichtbar sind, sondern auf einer völlig anderen Realitätsebene liegen. Diese andere Realitätsebene ergibt sich aus völlig neuen Auswertungsstrategien, aus Mustererkennungstools, die etwas finden, wonach man nicht direkt hätte suchen können. Diese andere Realitätsebene ist es, die letztlich das Besondere von Big Data ausmacht – Facebook ist dafür nur ein kleines Beispiel, jedoch gehen Daten von Facebook ebenso wie Daten von Suchmaschinen sowie durch Sensoren, die über der gesamten Gesellschaft liegen, in eine Art Datenpool ein, der von ganz unterschiedlichen Nutzern verwendet wird.

Der verstorbene Herausgeber einer der größten Tageszeitungen des Landes schreibt dazu: »Wo Privatunternehmen ihre Produkte partiell geheimdienstlich und Geheimdienste ihre Produkte partiell privatwirtschaftlich herstellen, sind die Begriffe ›Informationsökonomie‹ und ›Wissensgesellschaft‹ endgültig bei sich selbst angekommen.« Gerade die US-amerikanische NSA hat mit ihren Praktiken den Unterschied zwischen aus privatwirtschaftlichen Gründen erhobenen Daten und geheimdienstlichen Recherchen eingezogen. Über einer komplexen Gesellschaft mit unübersichtlichen Strukturen liegt damit ein Netz von Informationen und Daten, die durch die gesellschaftliche

Praxis der Menschen und ihrer technischen Geräte und sonstiger technischer Infrastrukturen wie von selbst anfallen. Über der Gesellschaft liegt ein Netz von Sensoren. Mithilfe dieser Daten kann man ganz Unterschiedliches betreiben: Strafverfolgung und medizinische Forschung, Marktbeobachtung und Terrorabwehr, Verkehrsbedarfsplanung und Verkehrssteuerung usw. All das dient dazu, eine Menge über die Gesellschaft zu erfahren, je nach Interesse und Zugang zu den Daten. Es symbolisiert aber auch die Unübersichtlichkeit der Welt. Ein öffentlich sehr sichtbarer Professor für Computational Science aus der Schweiz bringt es in einem Interview so auf den Punkt: Es »wächst die Komplexität der Welt mit der Vernetzung, die wir vornehmen, extrem an. Das resultierende System ist nicht mehr zentral in Echtzeit optimierbar.«

Trotz dieser Einsicht in die Nichtsteuerbarkeit solch komplexer Systeme geht es bei all der Datenverarbeitungseuphorie nicht um die Interpretation der Vergangenheit, sondern um die Optimierung der Zukunft, um Kontrolle künftiger Ereignisse. Nochmals der bereits erwähnte Herausgeber: »Beginnt sich die NSA für einen zu interessieren, weil sie Informationen aus dritter Hand hat – oder weil sie liest, hackt und aggregiert, was von uns ohnehin auf Facebook und im Netz vorhanden ist? Digitale Börsen, Kommunikations- und Geheimdienstsysteme wollen nicht wissen, was war oder was ist, sondern was sein wird. Sie wollen Risiken einpreisen und minimieren: Vom Aktienkurs über die Kreditwürdigkeit, die Gesundheitsprognose bis hin zur Frage, ob man im Begriff ist, ein Verbrechen zu begehen.«

Was den gesamten Diskurs ausmacht, ist eine merkwürdige Dialektik von Kontrollverlust und Kontrolle. Es wird einerseits beklagt, dass die Komplexität solcher Systeme dafür sorgt, dass man sie letztlich nicht mehr kontrollieren kann, dass sie ein Eigenleben entwickeln, andererseits wird ein Kontrollüberschuss diagnostiziert, der so etwas wie private Unsichtbarkeit geradezu unmöglich macht. Eine Juristin und KI-Unternehmerin schreibt: »Das ist das eigentliche Ziel von Big Data: die Automatisierung, die automatische Extraktion von Information und Wissen aus rohen Daten, die Erzeugung abgeleiteter Information – Inferenz –, die in vorhandenen Datenmengen versteckt enthalten und nicht auf den ersten menschlichen Blick erkennbar sind. Und noch um viel mehr geht es: Es geht um die *Autonomie intelligenter Maschinen*. Denn hat eine Maschine erst einmal festgestellt, was die optimale Entscheidung auf Basis einer gesicherten, statistisch aussagekräftigen Datenlage ist, ist es nur noch ein kleiner Schritt zur automatischen Ausführung und Überwachung einer solchen Entscheidung mit entsprechender Nachsteuerung, sollte sie nicht die gewünschte Wirkung entfalten.« Es geht hier nun nicht darum, darüber zu räsonieren, ob diese Befürchtung berechtigt ist oder nicht, zumindest wird sie sehr deutlich vorgetragen. Noch einmal der bereits genannte Computerwissenschaftler: »Das heißt, immer mehr menschliche Kompetenz wird durch den Computer ersetzt. Mittlerweile haben wir mehr als 70 Prozent ›algorithmic financial trading‹ durch den Computer. Es ist absehbar, dass ein großer gesellschaftlicher und ökonomischer Umbruch vor der Tür steht – einfach durch Effizienzsteigerung, wie wir sie früher durch die Erfindung des Webstuhls oder der Dampfmaschine hatten. Ich denke, es muss eine Diskussion geführt werden darüber, was es eigentlich bedeutet, wenn Computer zukünftig die meiste Arbeit übernehmen, die wir heutzutage selber erledigen. Wie organisieren wir eine zukünftige Gesellschaft, in der Computer irgendwann klüger sind als Menschen? Was bedeutet das eigentlich für die Rolle des Menschen?« Die besagte KI-Unternehmerin spricht von »virtuellen Zombies«.

All das fragt übrigens kein Maschinenstürmer, sondern einer, der am Terminal steht und sich Gedanken darum macht, wie man die entsprechenden Techniken anwenden kann und soll. Dieses Motiv des Kontrollverlusts der Maschine gehört wahrscheinlich zu allen technologischen Revolutionen, aber es stellt sich derzeit tatsächlich besonders drastisch dar, weil man von Big Data zwar auch die Folgen einer Effizienzsteigerung erwartet, aber es wird nicht mehr wie bei der Dampfmaschine die Muskelkraft, beim Webstuhl die Geschicklichkeit und Ausdauer ersetzt, sondern nun die kognitive Verarbeitungskapazität, das Gehirn, die Entscheidungsinstanz. Hier geht es also um Kontrollverlust – ökonomisch, militärisch, steuerungstechnisch usw., aber eben auch um Kontrolle, vor allem um die Kontrolle des Einzelnen, also um den Verlust von Privatheit und Autonomie.

Im Alltag der meisten Bürger kommt Big Data als Gefährdung der eigenen Privatsphäre an – die man zunächst an nicht nur unangenehmen Folgen erlebt. Schon Cookies auf dem eigenen Computer, die Web-Anbietern nicht nur signalisieren, wer da anklopft, sondern gleich mitliefern, was der Anklopfer üblicherweise will, vereinfachen das digitale Leben. Und dass wir nicht einfach nur irgendeine Werbung bekommen, sondern auf uns zugeschnittene, ist etwas, woran man sich gewöhnen kann. Auf solchen Praktiken basieren inzwischen ganze Geschäftsmodelle – und auf solche Praktiken setzt inzwischen fast jeder, der sich im urbanen Raum bewegt, wobei dieser urbane Raum auch den sogenannten virtuellen Raum umfasst, der einem dabei hilft, die richtige Straße, das beste Restaurant oder das schnellste Taxi zu finden. Dass all das nur aufgrund einer zunächst unsichtbaren Form von Überwachung möglich ist, erfährt der Nutzer erst aus der Fachdiskussion. So schreibt der besagte Herausgeber: »Wo Überwachung aber Bestandteil fast aller sozialen und ökonomischen Transaktionen geworden ist und einem massive Vorteile auch auf sozialen ›Wettbewerbsmärkten‹ verschafft (sonst würde man beispielsweise sein GPS sofort abschalten), geht das nur unter Preisgabe der eigenen Lebenschancen. Warum sollte man das tun, wo im schlimmsten Fall nervige Werbung droht?« Er fährt fort: »Doch mittlerweile droht nicht nur Werbung, sondern Verdacht.«

Schon die Diskussion um Volkszählungen in den 1980er-Jahren, die sich angesichts der heutigen technischen Möglichkeiten als Sandkastenspiele darstellen, erzeugte starke Abwehrreaktionen aus Angst vor Kontrolle und dem latenten Verdacht, dem nun jeder ausgesetzt würde. Dies wird angesichts der derzeitigen Möglichkeiten radikal gesteigert, zumal die Verdachtsmomente sich nicht nur quantitativ, sondern auch qualitativ multiplizieren. Es sind nicht mehr nur staatliche Akteure, sondern auch privatwirtschaftliche Organisationen, die Daten verwenden – und das ebenfalls mit Verdachtsdrohungen. Es ist also nicht so, dass die wirtschaftlichen Anwendungen das Leben komfortabler machen und die staatlichen mehr Kontrolle ausüben. Vielmehr kommen auch Anbieter auf Märkten in den Genuss von Kontrollmöglichkeiten, die ihre potenziellen Kunden unter Verdacht stellen und damit etwa deutlich Preispolitik betreiben könnten. Ein derzeit in Stanford forschender, aber gerade in Deutschland deutlich wahrnehmbarer Publizist schreibt dazu: »Zum Beispiel sitzen Google und Facebook, die großen Antreiber der Entwicklung, auf so vielen Nutzerdaten – sie wissen um unser Risiko, einen Unfall zu erleiden oder eine Rechnung nicht bezahlen zu können –, dass sie ohne Weiteres in äußerst lukrative und datenintensive Geschäftsfelder überwechseln könnten, etwa Versicherungen, das Bank- oder Gesundheitswesen, wobei sie ganz neue Normierungs- und Kontrollprogramme in immer mehr Bereiche des Alltagslebens einführen würden, um spontanen und gelegentlich riskanten Verhaltensweisen durch datenbasierte Vorgaben zuvorzukommen.« Die Gefahr, so ist dies zu verstehen, ist also, dass es privatwirtschaftliche Anbieter sind, die die Autonomie und Unbeobachtbarkeit der Menschen korrumpieren, die sich nun selbst kontrollieren müssen, um nicht allzu kontrollierbar zu sein.

Diese Diagnosen sind sicher zutreffend und kaum von der Hand zu weisen – interessant sind freilich die Reflexe, mit denen darauf reagiert wird, mit denen man also diesen Gefährdungslagen begegnen will. Im Folgenden soll es also vor allem darum gehen, nach welchen Mustern in der Öffentlichkeit darüber nachgedacht wird, sich den Entwicklungen kritisch entgegenzustellen. Es scheinen zwei Reflexe zu sein:

Reflex I

»Neoliberalismus.« Das ist der Universalreflex, auf den sich allerlei Assoziationsketten aufbauen lassen und der für den Odem des Kritischen steht. Der wichtigste und sichtbarste Stichwortgeber für den Zusammenhang zwischen Big Data und Neoliberalismus ist ein Berliner Philosoph und Kulturwissenschaftler.

Er schreibt: »Der Neoliberalismus ist ein sehr effizientes, ja intelligentes System, die Freiheit selbst auszubeuten. Ausgebeutet wird alles, was zu Praktiken und Ausdrucksformen der Freiheit gehört wie Emotion, Spiel und Kommunikation. Es ist nicht effizient, jemand gegen seinen Willen auszubeuten. Bei der Fremdausbeutung fällt die Ausbeute sehr gering aus. Erst die Ausbeutung der Freiheit erzeugt die höchste Ausbeute.« Es ist wirklich schön gesagt – aber was ist der kritische Maßstab? An anderer Stelle heißt es: »Big Data ist ein sehr effizientes psychopolitisches Instrument, das es erlaubt, ein umfassendes Wissen über die Dynamiken der gesellschaftlichen Kommunikation zu erlangen. Dieses Wissen ist ein *Herrschaftswissen*, das es möglich macht, in die Psyche einzugreifen und sie auf einer präreflexiven Ebene zu beeinflussen.« Von der Sache her stimmt das, aber die effektheischende Logik solcher Sätze besteht wohl darin, dass es so etwas wie eine freie Subjektivität ganz ohne äußere Kontrolle immer schon gegeben habe. Der Höhepunkt der Argumentation: »Big Data kündigt das Ende der Person und des freien Willens an.« Oder anders gewendet: Privatheit wird zur Schimäre, wird zum Fantasma. Big Data wäre also eine anthropologische Katastrophe.

◀ Tiefenschärfe

Kann man wirklich so tun, als seien Privatheit, personale Autonomie und der »freie Wille« nicht auch das Ergebnis eines großen historischen Projekts der Umwandlung von Fremd- in Selbstkontrolle? Interessant ist, dass die Debatte um Big Data und ihre entsprechenden Überwachungs- und Kontrolltechniken den Status quo ante zu verklären in der Lage ist. Vielleicht wird hier eine Form von Personalität und freiem Willen gerettet, die es zuvor niemals gegeben hat. Es war das Versprechen der europäischen Aufklärung, dass sich Individuen ihres eigenen Verstandes bedienen sollten – *sapere aude!* Exakt das setzte eine völlig neue Form der Selbstkontrolle voraus, wenn man so will ein protestantisches Projekt der inneren Zwiesprache, die die äußere Kontrolle überflüssig machen sollte. Selbstkontrolle als Substitution für äußere Kontrolle ist gewissermaßen die DNA der aufgeklärten Moderne, die einen freien Willen und Freiheit überhaupt nur gewähren und ermöglichen konnte, solange die Menschen einen »vernünftigen« Gebrauch von ihr machen konnten. Deshalb wurde die Aufklärung auch um die Medien Bildung, Triebkontrolle und Langsicht herum exerziert. All das funktioniert so gut, dass sogar ein Philosoph und Kulturwissenschaftler es nicht erkennt und zur Debatte beisteuert, dass Big Data das Ende jenes Syndroms ankündigt, das als Personalität und Freiwilligkeit gerade kein antisoziales Projekt ist, sondern eine gesellschaftliche Erwartung – ganz abgesehen davon, dass der Staat schon im 19. Jahrhundert ein emsiger Sammler von Daten war, aus dem dann eher heimlich Schlüsse gezogen wurden (was unser Philosoph und Kulturwissenschaftler übrigens auch ins Feld führt). Als 1872 das »Statistische Amt des Deutschen Reiches« gegründet wurde, galten die Daten als Staatsgeheimnis – es waren die Big Data jener Zeit, die unter anderem als Macht- und Planungsmittel getaugt haben. Mit diesen Daten wurden vor allem jene Agenten und Experten der Gesellschaft versorgt, die als »Gute-Gründe-Lieferanten« die Quelle jener Vernunft waren, die die Menschen sich als freien Willen selbst zugerechnet haben – Ärzte, Lehrer,

Professoren, Militärs, Sozialplaner, die Polizei, das Strafsystem.

Die Diagnose »Neoliberalismus« ist ein bewährter Selbstauslöser und in vielerlei Hinsicht wohlfeil, weil sie nicht sehen kann, wie nah sie an jenem Zustand gebaut ist, den sie durch den »Neoliberalismus« bedroht sieht. Dass wir »wollen sollen, was wir sollen«, ist die Grundlage aller europäisch-bürgerlichen normativen Konzepte. Selbstbestimmung, Autonomie, ein Leben selbst zu führen, Freiheit, Individualismus – all das hängt an spezifischen Formen der Selbstkontrolle, die freilich durch Überwachungstechniken und starke Formierungsprozesse, vulgo: Erziehung und Bildung, hergestellt werden musste. Individualität war stets auch eine Form der Konformität, und Privatheit war stets etwas, das man durch Instanzen der Gewissensbildung und der Innenleitung ermöglicht hat. Ein »Geständnistier« hat der schonungsloseste Diagnostiker der sozialen Bedingungen der unbedingten Subjektivität den modernen Menschen genannt.

Insofern ist der Reflex »Neoliberalismus« nur ein allzu effektheischender Versuch, einen normativen Maßstab zu suggerieren, der seine Grenzen schon darin findet, was er kritisiert. Für unseren Zusammenhang ist hier interessant, dass an dieser Kritik der Kontrollpraktiken der Big-Data-Anwender erst die Fragilität der vorherigen Form von Subjektivität deutlich wird. Diese Kritik lebt von der Verfremdung des Bekannten, geht aber darüber nicht hinaus. Sie findet sich darin bestätigt, dass die hier kritisierten Subjekte sich den Überwachungstechniken freiwillig unterwerfen, schon weil ihnen kaum etwas anderes übrig bleibt und die Unterwerfung mit entsprechenden Dienstleistungen erkauft wird – aber auch das ist nichts Neues, denn Subjektivität hieß in der Moderne stets, dass auch die Kritik sich an der kritisierten Struktur nährt. Selbst wenn man für mehr Selbstkontrolle und partiellen Entzug plädiert, ändert sich nichts an den Verhältnissen.

Aber auch praktikablere Lösungen folgen den altbekannten Mustern – was man sucht, sind dann zentralistische Lösungen. Es folgt alles den bekannten Mustern, wie man Hebel an der Gesellschaft ansetzt, um sie zu verändern oder angemessen zu regulieren. Wenn es nicht gelingt, auf individuelle und persönliche Einsicht zu bauen, die sich den Zugzwängen der Datenspuren und des Datensogs widersetzen könnte, wird nach kollektiv bindenden Lösungen gesucht, gewissermaßen nach einer Politisierung des Problems. So schlägt die bereits erwähnte KI-Unternehmerin die Etablierung von »Treuhandstellen für Algorithmen« vor, und der ebenfalls erwähnte in Stanford wirkende Publizist fordert einen »neuen Glauben in die Politik« ein, die sich um eine Regulierung von Netztechniken zu kümmern habe. Es muss hier nicht diskutiert werden, welcher Art dieses Vertrauen sein soll und wie man sich Regulierung vorzustellen habe. Es genügt der Hinweis, wie erwartbar die unterschiedlichen Strategien in Reaktion auf die entsprechenden Probleme sind.

Reflex II

Der zweite Reflex folgt dem Pfad von Besitz-, Verfügungs- und Kontrollrechten. Die Frage lautet: Wem gehören meine Daten, und wer darf darüber verfügen? Schon 1983 hat das Bundesverfassungsgericht anlässlich der Diskussionen um die Volkszählung ein grundlegendes Recht auf informationelle Selbstbestimmung postuliert. Der Datenschutzbeauftragte fasst das Problem so zusammen: Das Recht auf informationelle Selbstbestimmung »begründet die Befugnis, grundsätzlich selbst bestimmen zu können, wer was wann und bei welcher Gelegenheit über einen weiß, also wem welche Daten für welchen Zweck preisgegeben werden. Die Verfügung durch die betroffenen Personen erfolgt im Rahmen des Zivilrechtsverkehrs beziehungsweise durch informierte Einwilligungen. Es gilt das Zweckbindungsprinzip, wonach personenbezogene Daten grundsätzlich nur für die Zwecke verwendet werden dürfen, für die sie ursprünglich erhoben wurden.« Dies ist ein schönes Beispiel dafür, dass einem Drehbuch nur das Skript zur Verfügung steht, das eben zur Verfügung steht. Das Recht scheint keine andere Möglichkeit zu haben, als konsistent so zu argumentieren – allerdings ist die Formulierung insofern gut gewählt, als die Sentenz »nur für die Zwecke, für die sie ursprünglich erhoben wurden« die Negativfolie dessen ist, was Big Data ausmacht. Big Data lebt davon, dass Daten ganz explizit fast nur dafür verwendet werden, wofür sie nicht erhoben wurden. Der kognitive und ökonomische Mehrwert solchen Datenverkehrs besteht also genau darin, was hier rechtlich ausgeschlossen wird. Der Datenschutzbeauftragte bemerkt dazu: »Einschränkungen dieses Grundrechts, insbesondere durch staatliche Stellen, sind nur im überwiegenden Allgemeininteresse zulässig und bedürfen einer gesetzlichen Grundlage.« So mag man vielleicht staatliche Überwachung wenn nicht in den Griff bekommen, so wenigstens rechtlich stören können, für privatwirtschaftliche Datenerhebungen ist solch eine Ausnahme geradezu unmöglich – ganz abgesehen davon, dass, wie im Falle der NSA gezeigt, die Unterscheidung privatwirtschaftlicher und geheimdienstlicher Daten ohnehin längst passé ist. Das Motiv der Selbstbestimmung zieht sich durch die gesamte Diskussion, als »informed consent« oder als Frage der Zustimmungsfähigkeit und Transparenz.

Das Manifest »Digitale Demokratie statt Datendiktatur«, verfasst von neun der im deutschsprachigen Raum bekanntesten Datenforscher, weist auf ähnliche Probleme hin und beklagt, dass die Rechtsregeln nicht zur Rechtspraxis passen, dass die Grenzen zwischen Information und Werbung verwischen ebenso wie die zwischen Nudging und Transparenz usw. Zu den Forderungen gehört unter anderem, »von den Nutzern gesteuerte Informationsfilter« zu gewährleisten, was in das gleiche Horn stößt – dabei aber außer Acht lässt, dass die Steuerung von Informationsfiltern schon deshalb unwahrscheinlich wird, weil Daten erst weit weg vom Nutzer zu Informationen werden. Wie groß die Unsicherheiten sind und wie schwierig es ist, mit dem Steuerungsdefizit umzugehen, kann man daran erkennen, welch schweres Geschütz dann aufgefahren wird: »Die Einsichten des großen Aufklärers Immanuel Kant scheinen jedoch hochaktuell zu sein. Unter anderem stellte er fest, dass ein Staat, der das Glück seiner Bürger zu bestimmen versucht, ein Despot ist. Das Recht auf individuelle Selbstentfaltung kann nur wahrnehmen, wer die Kontrolle über sein Leben hat. Dies setzt jedoch informationelle Selbstbestimmung voraus. Es geht hier um nicht weniger als unsere wichtigsten verfassungsmäßig garantierten Rechte. Ohne deren Einhaltung kann eine Demokratie nicht funktionieren. Ihre Einschränkung unterminiert unsere Verfassung, unsere Gesellschaft und den Staat.«

Zur Selbstkontrolle haben wir das Nötige bereits gesagt. Schön ist jedenfalls der hier zu beobachtende Selbstauslöser, der zwei unterschiedliche Welten zusammenbringt. Einem Soziologen und Systemtheoretiker verdanken wir die Formulierung, die Welt des Buchdrucks habe einen Kritiküberschuss hervorgebracht, mit dem man damals zurande kommen musste – heute haben wir es durch die Big-Data-Techniken eher mit einem Kontrollüberschuss zu tun. Zu Zeiten des Buchdrucks hatte man versucht, mithilfe der Techniken der Welt vor dem Buchdruck, also mithilfe hierarchischer Herrschaftsformen zu reagieren. Man denke etwa an die Zensur, die versuchte, den gefährlichen Autor als Quelle von kritischen Argumenten zu kontrollieren. Irgendwann war das ein untaugliches Mittel, weil die Zensur erst recht für Aufmerksamkeit gesorgt hat.

Das Manifest versucht ganz analog die Mittel der Buchwelt mit ihrem Kritiküberschuss zu nutzen, um die Kontrolltechniken des Big Data einzuschränken, findet sich dann aber bei den Adressaten der Kritik wieder, die sich längst mit eigenen Versprechungen einer besseren Welt in schönster Silicon-Valley-Semantik schadlos halten. Unser Stanford-Publizist: »Die Behauptung, der größte Gleichheitsbringer der Welt zu sein, macht Silicon Valley zu einer unbesiegbaren Teflonbranche, an der jede soziale Kritik abperlt.« Und die Schützlinge selbst haben durch ihre eigenen Praktiken längst an dieser besseren Welt teil, die hier versprochen wird.

Um nicht missverstanden zu werden: Wir leugnen nicht die Gefahren und auch nicht die Probleme von Machtkonzentrationen in den Händen unkontrollierbarer Unternehmen und staatlicher Datenkraken. Wir leugnen auch nicht den merkwürdigen Fatalismus, mit dem etwa deutsche Politiker auf die Nachricht reagiert haben, dass sogar die Kanzlerin abgehört wurde. Dazu eine sehr kluge Datenschutzaktivistin in ihrer Zeitungskolumne: »Die duldende Komplizenschaft wurde zur Staatsräson.«

Wir diskutieren nicht den Fall selbst, sondern sind auf der Suche nach dem virtuellen Drehbuch und den selbstauslösenden Reflexen einer solchen Debatte. Unsere kurze Rekonstruktion zeigt, wie wir meinen, deutlich, dass die anfallenden Daten offensichtlich einen völlig neuen ontologischen Status haben, den es so zuvor nie gegeben hat. Bücher hatten als Vernunft- und Argumentspeicher auch einen auffordernden Charakter und haben die Subjektivität der Menschen als Teil eines Lesepublikums so geformt, dass kaum selbst darüber zu bestimmen war, was das normativ Richtige war. Zugleich waren sie aber die Quelle jener Selbstbestimmung, die sich in der Kritisierbarkeit der Welt eingerichtet hat und dadurch vernünftig, will heißen: sozial verträglich wurde. Der Kritiküberschuss wurde durch eingeübte Formen des Argumentierens wettgemacht.

Die Daten der Statistikwelle im 19. Jahrhundert, die auch eine Vernunftquelle waren, waren vor allem am Durchschnitt, am *homme moyen* interessiert. Der Einzelne sollte nicht wirklich individuell werden, sondern dem Durchschnitt entsprechen. Erst Big Data hat den Einzelnen als Einzelnen im Blick, aggregiert durch millionenfache Erhebung. Solche Daten sind ontologisch von ganz eigenem Charakter, weil sie eher indirekt dafür sorgen, dass der Einzelne sich an ein Skript hält, das ihm als Selbstbestimmung und Autonomie erscheint. Das ist strukturell dem bürgerlichen Versuch der Versöhnung von Wollen und Sollen ähnlich, die Datengrundlage hat sich allerdings vom sichtbaren

Text hin zum unsichtbaren Datensatz verschoben. Wie alle Medienrevolutionen wird auch diese zunächst abgelehnt, und erst in der Ablehnung werden die Mechanismen sichtbar, mit denen man zuvor die Welt bewältigt hat. Der schon zu Wort gekommene Soziologe und Systemtheoretiker meint, dass neue Medien stets zunächst abgelehnt worden sind, bevor sie sich dann doch mit Verve durchgesetzt haben. Weiter schreibt er: »Da Techniken aller Art nicht auf die Stirn geschrieben ist, wozu sie nützlich sind, musste dies in allen bekannten Fällen erst ausprobiert werden. Deshalb unterschieden sich auch die Gründe, aus denen Techniken eingesetzt werden, immer von den Gründen, aus denen sie erfunden worden sind.«

Dieses Argument, dem wir zustimmen, muss man auch ästhetisch betrachten. Es hat sich als Erklärung für den Wandel vom Medium der Kritik abgekoppelt und operiert selbst im Medium der Evolution, das Techniken dann als etwas ansieht, das entsprechend seinen eigenen Möglichkeiten Kontrolle ausübt und sich so durchsetzt. Vielleicht ist das die Ankündigung einer Variationsmöglichkeit des Drehbuchs, das sich von der Frage der Kritik an den Möglichkeiten auf die Frage der evolutionären Stabilisierung und Selbstkontrolle verlagert. Es wäre jedenfalls eine interessante Volte insofern, als es mehr Vertrauen in die Welt hat, als es die Kritik jemals haben konnte. Dass damit die angesprochenen Gefährdungen nicht verschwinden, erscheint dann als ein merkwürdiger Kollateralschaden.

Einstweilen bleibt es dabei, dass sich die beteiligten Akteure vor allem um Kritik und Selbstbestimmung, um Rückgewinnung der Kontrolle und Verfügungsmacht bemühen. Es sind dies die Formen, die bis dato vorgesehen sind. Wenn nicht alles täuscht, werden diese Formen des Protests und der Kritik sich nicht durchsetzen, sondern es wird zu Selbstanpassungen an eine Technik kommen, die wie vorherige auch eine Neujustierung von Chancen und Risiken evolutionär ermöglichen wird. Jedenfalls sprechen alle früheren Medienkatastrophen dafür – und dass dies erst nachträglich sichtbar wird, lässt sich damit erklären, dass Techniken zu anderen Praktiken führen, als es ihre »Erfinder« und ihre ersten Nutzer vorgesehen haben. Das könnte auch für Kontrolltechniken gelten, mithilfe derer man die neuen Techniken zu beherrschen gedenkt.

Oben haben wir diesen lapidaren Satz eines Datenschutzbeauftragten bereits zitiert: »Werden mit Big-Data-Anwendungen personenbezogene Daten erfasst und ausgewertet, sind damit Risiken für die betroffenen Personen verbunden.« Um es deutlich zu sagen: Sie werden. Der Stanford-Publizist macht nun einen interessanten Vorschlag oder besser: Er spielt eine andere Möglichkeit durch, die sich vom Medium der kollektiv bindenden Kontrolle (Politik) und vom Medium der Kritik entfernt und ein anderes Medium verwendet, das wie gemacht ist für angemessenen Interessenausgleich: *Geld* nämlich. Er fragt: »Der Punkt ist: Was passiert, wenn mir Geld für meine Daten geboten wird?«

Das ist eine kluge Frage, denn Geldtransaktionen ermöglichen es, einerseits auf einseitige Forderungen zu verzichten, weil mit dem Tausch von Geld auf beiden Seiten Knappheit bearbeitet wird, zugleich entbindet Geld von Einsicht und reziproken Dankespflichten und kann beide Seiten zu Gewinnern einer Transaktion machen. Man nennt das Äquivalententausch. Damit würde die Sache völlig neu definiert – aus einseitiger Kontrolle wird mutueller Tausch: »Wenn unsere persönlichen Informationen derzeit von bösen Start-ups im Silicon Valley gesammelt werden, warum dann nicht Instrumente erfinden, die es uns erlauben, diese Daten selbst zu sammeln, um sie dann an andere Start-ups im Silicon Valley zu verkaufen? Aber zu unseren eigenen Bedingungen und nach Möglichkeit für eine finanzielle Kompensation.« Aus der einseitigen Kontrolle soll also ein richtiger Markt werden, so das Kalkül dieses Gedankenexperiments. »Ja, wir sollten im Besitz unserer Daten sein – aber halt: Wir sollten sie dann nicht wahllos verkaufen, nur mit ökonomischem Kalkül.«

Worum es hier also geht, ist die Transformation der von dem Datenschutzbeauftragten skizzierten Gefahr in ein Risiko. Gefahren, so sagt es ein systemtheoretischer Großsoziologe, erfahren wir passiv. Sie widerfahren uns als Betroffene. Kann uns ein Schaden als Ergebnis einer eigenen Entscheidung zugerechnet werden, sprechen wir von Risiken. Der Stanford-Publizist möchte also von passiver Gefahrenabwehr zu aktivem Risikomanagement wechseln, was den gesamten Diskurs ändern würde. Die Kontrolltechniken wären nicht verschwunden – aber sie wären irgendwie gebannt, weil durch Geld kompensiert.

Das Attraktive dieses vergleichsweise unrealistischen Gedankenexperiments besteht darin, dass der Autor sich andere Regulative als Kritik und kollektiv bindende Regulierung vorstellen kann. Allerdings fragt er selbstkritisch: »Wenn Ihnen Google morgen eine faire Bewertung Ihres Datenportfolios vorlegte und Ihnen vorschlüge, dass Sie jeden Monat Geld verdienen können, indem Sie anderen Firmen erlaubten, Ihre Daten zu nutzen? Wie viele von uns würden da ›Nein‹ sagen?« Das ist eine schwierige Frage – aber am Ende lässt sich unser Autor gar nicht auf die Geldlösung ein, wenn er schreibt: »Solange wir nicht wissen, warum ›Nein‹ hier die richtige Antwort ist, wird unser Kampf vergeblich sein.« Wir wollen keineswegs behaupten, »Ja« sei die richtige Antwort. Darum geht es auch nicht. Vielmehr vertraut das Gedankenexperiment dem Geldmechanismus dann doch nicht, denn es weiß bereits, dass »Nein« die richtige Antwort wäre – unser Autor lässt also die ökonomische Lösung gar nicht zu, sondern setzt, ganz nach dem Drehbuch, auf Kritik und auf die Einsichtsfähigkeit vernünftiger Menschen, die gefälligst auf ihren kurzfristigen Vorteil verzichten sollten, damit die Kontrolltechniken ins Leere laufen. Hätte er die ökonomische Logik des Geldes wirklich ernst genommen, wäre es eine Frage des Preises und damit der ökonomischen Anreiz- und Präferenzlogik gewesen und nicht die Frage des »Entweder-oder«. Damit bleibt auch dieser versuchte Ausbruch aus dem Drehbuch innerhalb des Skripts – es bleibt abzuwarten, wie sich die Elemente evolutionär neu ordnen.

Chef!

TITEL

Eine Frage der Führung

UNTERTITEL

4

SZENE

Aufblende

Der alte Chef hat ausgedient. Als Industriekapitän stand er früher auf der Brücke und dirigierte sein Firmenschiff durch Klippen und Unwetter. Davon will heute keiner mehr etwas wissen. Der digitale Kapitalismus fordert eine neue Führungskultur. Jetzt dürfen alle Chef sein! Partizipativ, flexibel, selbstbestimmt, kreativ und selbstmotiviert – so lautet das neue Organisationsmantra für die Mitarbeiter. Digital Natives, Business Model Generation und Network Thinker sind die neuen »Chefs«, die keine Chefs sein wollen. Manager, Unternehmer und Medien beginnen deshalb, alte und neue Führungskulturen als großes Entweder-oder zu inszenieren. Darum herum bilden sie Gewissheiten, die in der jeweiligen Selbstüberhöhung als letzte Wahrheit enden. Der Chef denkt neu und lenkt alt. Der Chef denkt alt und lenkt neu.

Akteure

- Design Thinker
- Leadership-Vordenker
- Management-Godfather
- Leadership-Querdenker
- Großsoziologe
- Unternehmensberater
- Wissenschaftler, Politiker und Funktionäre
- Digitale Transformatoren
- Leitartikler

- Mönch
- Basketball-Altmeister
- Junge Wilde
- Mittelständischer Unternehmer
- Berühmter Kinderpsychologe
- Ex-Bürgermeister
- Organisationssoziologe
- Management-Querdenker
- Meisterpsychologe
- Empirischer Sozialforscher
- Minister, verstorben

Reflexe

In Zeiten ökonomischer Verwerfung und digitaler Disruption rufen Libertäre nach sozialer Gleichschaltung: »Keine Macht für niemand.« »Mehr Demokratie wagen.« Die digitale Revolution verändere Gesellschaft und Arbeitsstrukturen. Hierarchien verschwinden, flexible Netzwerke übernehmen das Kommando. Mitarbeiter und Volk dürfen mitreden. Po-Po-Postdemokratie! Go-Go-Google! Das Spiel der Reflexe kann beginnen. Ein Design Thinker warnt: »Wer in Zeiten der Digitalisierung immer noch in Hierarchien, Fachgebieten und lexikalischen Kategorien denkt, wird den Anschluss bald verpasst haben.« Unterdessen verkünden postmoderne Leadership-Vordenker das Ende des Top-downs, es verbrauche zu viel Energie und sei ineffizient. Bottom-up hingegen bedeute selbstverantwortliche Mitarbeiter, schnelle Wege und kleinteilige, iterative Kommunikationspfade. Erfolg komme von unten. Halt! – ruft ein Leadership-

Vordenker alten Schlags: »Vernünftige Kontrolle muss darauf gerichtet sein, das Verhalten der Menschen zu steuern. Es gibt einen alten Grundsatz: People behave as they are controlled.« Effizienz, Leistung und Resultate seien die Stabilitätsanker in Wirtschaft und Gesellschaft. Dafür benötige man gutes und richtiges Management. Auch und besonders von oben. Cäsar still alive!

Tiefenschärfe

Da müssen wir im Erörterungsprogramm zunächst einige Jahrzehnte zurückgehen, um am Ende zu verstehen, dass wir mitten in der Petersilie stehen. Management, so der Godfather der Managerzunft, definiere sich wie folgt: »Menschen durch gemeinsame Werte, Ziele und Strukturen, durch Aus- und Weiterbildung in die Lage zu versetzen, eine gemeinsame Leistung zu vollbringen und auf Veränderungen zu reagieren.« Durch das Management werden Menschen folglich zu Leistungsträgern ausgebildet, die sich in einer Veränderungskultur behaupten müssen. Stellt sich die Frage, ob sie das als unterstes Glied einer Befehlskette tun oder im hierarchiefreien Miteinander. Der Godfather hat zeitlebens darauf hingewiesen, dass gutes Management eigentlich nur drei Funktionen erfüllen müsse: »1. Es hat den spezifischen Zweck und die Mission der Einrichtung festzulegen, sei es, dass es sich dabei um ein Unternehmen, ein Krankenhaus oder eine Universität handelt. 2. Es hat dafür zu sorgen, dass die Einrichtung produktiv ist und die Arbeitskräfte effektiv arbeiten. 3. Es hat die soziale Wirkung und die soziale Verantwortung der Einrichtung zu steuern.« Unternehmen seien deshalb nicht, wie in der klassischen Ökonomie, Agenturen der Gewinnmaximierung. Der Zweck eines Unternehmens bestehe vielmehr darin, einen Kunden zu finden. Wirtschaftliches Handeln bestehe sogar darin, einen Kunden zu schaffen, sollte Nachfrage oder Angebot noch nicht existieren.

Tiefenschärfe

Produktiv, effektiv und sozial verantwortlich, aber nicht primär gewinn-, sondern kundenorientiert! So lautet wirklich die erste Codierung in der Geschichte des Managements. Dabei ist insbesondere der Begriff der Effektivität von Interesse. Effektive Arbeit bedeutet, das Richtige zu bearbeiten. Das Richtige zu bearbeiten wiederum bedeutet, eine Leistung für Kunden zu erbringen, die dafür zahlen. Um der Komplexität des Richtigtuns gerecht zu werden, bedarf es Manager, die als Orchesterdirigenten die Koordinierung steuern und erleichtern. Die Metapher des Dirigenten ist eng mit dem Leitbegriff der Leistung verknüpft. Ein Leadership-Querdenker schreibt: »Eine Führungskraft ist einem Orchesterdirigenten vergleichbar, dessen Ziel es ist, einer bunt gemischten Gruppe von Menschen die bestmögliche Leistung zu entlocken, wobei innerhalb der Gruppe jeder eine fest vorgegebene Rolle hat. Der Dirigent sorgt für die nötige Koordination.«

Der Großsoziologe aus dem Jenseits sieht das mit den Rollen erfahrungsgemäß etwas differenzierter: »In jeder Organisation entwickelt sich unter der formalen eine informale Ordnung mit eigenen Rollen, mit individueller geformten, persönlicheren Erwartungen, mit kleineren Gruppen und Cliquen, die brauchbare Abweichungen in ihrem Kreise legitimieren, Machtschwerpunkte bilden und ihre Mitglieder in allerlei Fehden unterstützen. Eine solche informale Ordnung ist typisch nicht zweckspezifisch, sondern personal orientiert. Ihre Kristallisationspunkte sind diejenigen Bedürfnisse, welche die formale Organisation nicht befriedigt oder durch ihre Einseitigkeit schafft.« Das ist aber in der rauen Businesswelt bereits der Keim des Untergangs. Menschen! Sie treten auf, sie mischen sich ein, sie machen Unfug. Das hat Folgen. Parallel zu Rationalität und Effizienz des Managements bilden sich kleine selbstverantwortliche Macht- und Meinungskartelle, die ihre eigenen Ziele verfolgen. Chefs können dann plötzlich im Wege stehen und werden unter Umständen informal abgekoppelt. Mitarbeiter emanzipieren sich schließlich von vorgegebenen Befehlsketten und modellieren die Arbeitsumgebung neu. Immer darauf bedacht, ab jetzt störungsfrei und selbsttätig agieren zu können.

Der gewiefte Leadership-Vordenker erkennt natürlich sofort die Dramatik des Augenblicks und formuliert einen möglichen Ausweg: »Als Führungskraft müssen Sie die Wirklichkeitskonstruktion Ihres Mitarbeiters grundsätzlich irritieren, wie immer sie auch aussieht – auch, wenn Sie persönlich ihr zustimmen. Sie müssen sie stören, mit einer Alternative versorgen, damit er wieder wählen kann, sich entscheiden muss, und aus genau dieser Entschiedenheit Kraft und Engagement schöpft. Wenn Motivieren je einen Sinn hatte, dann diesen: Menschen Wahlmöglichkeiten vor Augen führen. Denn nur wer eine Situation als selbstgewählt erlebt, ist mit ganzem Herzen bei der Sache.«

Tiefenschärfe

Mit dem Begriff »Motivation« wird in der Leadership- und Managementdebatte eine wichtige neue Sedimentschicht angebohrt. Ausgangspunkt ist die Erkenntnis: »Jeder ist motiviert. Man muss es nur zusammen entdecken.« Der Weg führt über die Wahrnehmung des anderen. Es ist übrigens ein berühmter Kinderpsychologe, der erstmals die Idee der Dezentrierung beschreibt, den Schritt in der kindlichen Entwicklung, mit dem Kinder zum ersten Mal einen anderen, ein Gegenüber, wahrnehmen und damit ihre egozentrierte Perspektive aufgeben. Genau das (dieser Perspektivenwechsel) wird ab jetzt in der Motivationsforschung jeder Führungskraft empfohlen, die ihrem Mitarbeiter gelegentlich ahnungslos wie der Ochs vorm Berg gegenübersitzt. Motivation, modern gedreht, bedeutet: Eine Führungskraft geht auf das Gegenüber ein und verlässt dafür seinen Feldherrnhügel.

Ein Leadership-Vordenker kommt pfeifend um die Ecke und sieht die Führungskraft in der eigentlichen Pflicht. »Manager, die mit ihren Mitarbeitern nicht zurechtkommen, haben meist selbst ein Problem.« Ein Mitarbeiter müsse sich wohlfühlen, um motiviert und leistungsfähig zu sein. Dies könne ein Manager aber nicht durch Appelle, Belohnungen und Strafen erreichen. Sondern nur durch individuelle Wahrnehmung und

Hinwendung, den anderen verstehen zu wollen. »Zur Wahrnehmungsfähigkeit gehört vor allem, gut mit unstrukturierten Situationen, unverständlichen Informationen oder unberechenbarem Handeln umzugehen.« Kurzum: Wer seine Mitarbeiter über einen Führungskamm scheren will, erzeugt Demotivierung. Dies ganz einfach deshalb, weil jeder ein Andersdenkender ist.

An dieser erkenntnistheoretischen Weggabelung beginne gute Führung, so der Vordenker. Und bei der offenbaren Wertschätzung der Mitarbeiter, durch die ihnen mehr Selbstverantwortung zukomme. »Ein Wir-Gefühl kann sich entwickeln oder besser ent-wickeln: es ist nämlich bereits da und muss nur ausgepackt, freigelegt, eben ent-wickelt werden. Es sollte mit dem Teufel zugehen, wenn daraus nicht neue Kreativpotentiale freigesetzt werden würden, die zwangsläufig zu Erfolgserlebnissen führen, die dann eine Eigendynamik entstehen lassen, die es ermöglicht, bei jeder neuen Herausforderung andere, bessere Lösungen zu generieren.« Willkommen im Managementparadies motivierter und achtsamer Miteinanderer!

Reflexe

Da lacht von einem anderen Kontinent ein Ex-Bürgermeister aus einer Weltmetropole zurück und schiebt den Romantikern den Riegel vor, indem er auf einen anderen Großsoziologen hinweist, der den guten, alten Cäsarismus begründet hat. Dieser ist sozusagen der Urvater der charismatischen Führung, der in einer bürokratisch regulierten Welt auf das »große Individuum« setzt, das sich über die gegebene Ordnung hinwegsetzt und die trägen Massen seinem Willen unterwirft. Er habe gewissermaßen das Recht erworben, »der in bürokratischer Routine erstarrten Masse neue Gebote zu geben«. Oder wie ein weiterer Leadership-Vordenker hinzufügt: »Dieser Einzelne steht außerhalb der Gesellschaft und über ihr, er handelt – Reminiszenz an das Gottesgnadentum der absolutistischen Fürsten – im Auftrag des obersten Herrn und ist deshalb rational weder verstehbar noch kritisierbar.«

In den USA nennt man so jemanden »Great Man«. Jemand, der über allem – und seien es Not und Chaos – zu stehen vermag. Im Extrem funktioniert der Great Man sogar besonders gut. Denn gesellschaftliche Krisen sind der ideale Nährboden für diesen Typus, vor allem genau und insbesondere dann, »wenn die Not und Ratlosigkeit so groß sind, dass die nächstbeste Person, die entschlossen die Chance nutzt, zum Kristallisationskern von Hoffnungen wird und Gefolgschaft findet«. Interessanterweise ist es aber nicht nur die Ausstrahlung der Führungsperson, die ihren Stern noch heller strahlen lässt. Nein, Not und Chaos suchen vielmehr nach einem menschlichen Gesicht als stellvertretendem Symbol. Will sagen: Charismatische Führung entsteht nicht aus krisenhaften Situationen heraus, vielmehr wird in ihnen eine krisenlösende Führungsperson stellvertretend definiert und konfiguriert.

Krisenzeiten lassen also den Ruf nach Macht und Ordnung laut werden. Zu viel Freiheit und Selbstbestimmung führen die Unternehmen ins Verderben. Es tritt auf ein führender Organisationssoziologe, um die These zu vertreten: Mit dem Abbau von Hierarchien steigen Druck und Unsicherheit auf die einzelnen Mitarbeiter. Entlastung sei gefragt, und die komme nur von oben, von den Unternehmenslenkern, welche die Entscheidungslast auf sich nähmen. »Mit zunehmender Differenzierung in selbstorganisierende, teilautonome Einheiten wird die Integration in ein Gesamtunternehmen immer schwieriger, gleichzeitig aber auch immer notwendiger.« Der König lebt. Es lebe der König!

Tiefenschärfe

Hin und her wiegt seit Jahrzehnten diese große Reflexschaukel. Die Verteidiger eines effizienz- und krisengestählten Cäsarismus auf der einen Seite, die Brückenbauer in eine selbstbestimmtere und eigenverantwortlichere Management- und Leadership-Praxis auf der anderen.

Die Gratwanderung zwischen Allmacht und Einzelmacht dauert indes ein Leben lang. Ein Management-Querdenker lässt tiefer blicken: Häufig bewegen sich Chef und Mitarbeiter in einer Scheinwelt verzerrter Spiegelbilder. Mitarbeiter »neigen dazu, ihre Phantasien auf ihre Führer zu projizieren, und deuten alles, was diese Führer tun, im Lichte des Bildes, das sie sich von ihnen erschaffen haben«. Die Chefs wiederum glauben, sie verkörperten tatsächlich diese fiktive Wesen, zu denen sie ihre Gefolgschaft gemacht hat – erfolgreich, tatkräftig und glücklich, und das Leben immer fest im Griff. Was aber nur so lange funktioniert, bis die Scheinwelt irgendwann sich enthüllt und die Realität unnachgiebig auf den Tisch haut. Bis dahin fühlen sich alle pudelwohl. Die Chefs glauben, die Bedürfnisse ihrer Mitarbeiter auszuleben. Und die Mitarbeiter sehen sie endlich erfüllt. Das Ende vom Lied: »Wünsche treten an die Stelle von Fakten, und Illusionen verdrängen die Realität.« Unternehmenspolitik auf der Grundlage von verzerrten Wahrnehmungen.

Und ein Meisterpsychologe ergänzt, in eine ähnliche Kerbe schlagend: »Alle Menschen haben einen kindlichen Kern von Allmachts- und Grandiositätsvorstellungen in sich und alle wollen nach oben kommen. Und es ist ja nun so, dass in den Führungsetagen üblicherweise Menschen sitzen, die sehr hohe Ansprüche an sich selbst stellen, die ausgesprochen ehrgeizig sind und viel Bestätigung brauchen. Ohne diese narzisstischen Grundlagen hätten sie den Aufstieg nicht gewagt. Aber gleichzeitig sind sie damit auch gefährdet, sich selbst zu überschätzen, die Realität zu verlieren und damit anderen Menschen zu schaden. Dazu kommt, dass mit dem Zuwachs an Macht und Verantwortung immer auch Einschränkungen verbunden sind. Da ist zum Beispiel die Einsamkeit des Führenden, der sich durch seine Position nicht mehr so anlehnen kann wie vorher, der nicht mehr die Nähe zum Team hat, wo man sich Schulter an Schulter gegen den Leiter zusammengeschlossen hat. Vielmehr ist er jetzt in der Rolle desjenigen, der kritisiert, gefürchtet und angefochten wird. Für viele Führungskräfte ist es schwierig, mit diesem Verlust von Nähe zurechtzukommen und ihn reif zu bearbeiten. Entscheidend für das gesunde Selbstbild ist, wie es dem Einzelnen gelingt, die Balance zwischen den destruktiven und den konstruktiven Aspekten seines narzisstischen Kerns zu halten. Das muss auf jeder weiteren Karrierestufe neu gelernt werden und das gelingt oft nicht.«

Selbstüberhöher und Selbstbestimmer! Wahrscheinlich hätten wir mit diesen jeweils auserzählten Denkfiguren weiterhin schön Semantikhalma spielen können, wäre es nicht kürzlich zu einer ökonomischen Revolution gekommen: dem Übergang von der Industrie- zur Wissensökonomie. Auftritt eines Leadership-Querdenkers, der die Geschichte vom Bauern und Jäger erzählt: Er unterscheidet zwischen einer Bauerngesellschaft oder Old Economy, in der Bauern als pflichttreue Menschen Tradition und alte Ordnung garantieren. Und einer Jägergesellschaft oder New Economy, in der Jäger als risikofreudige Menschen kreativ die alte Ordnung zerstören und neue Produkt- und Dienstleistungswelten erschließen. »Der Bauer sagt zum Jäger: Wir leben in einer Bauerngesellschaft, in der die Felder bestellt werden, damit später, viel später, reich geerntet werden kann. In dieser Gesellschaft brauchen wir keine ständige Alarmbereitschaft, weil alles sicher und ruhig ist. Wir brauchen keine impulsiven Entscheidungen, weil wir alle Zeit der Welt zum Nachdenken haben, am Abend, am Ackerrand, wenn die Arbeit getan ist. Wir brauchen keine Sinnenlust, denn die macht ungeduldig, wenn man auf die Ernte wartet. Ihr Jäger leidet an der Lust auf Beute. Aber man hat nicht Lust auf Ernte. Man wartet auf die Ernte.«

An seine Stelle tritt der neue Typ des E-Man. Es ist »der Kreative, der Authentische, der Erfinder, Innovator, Unternehmer, der Flexible, Unverwüstliche, Optimistische, Kooperative, Kommunikative«. Der Jäger verbannt einfache, sich immer wiederholende Arbeit in die Maschinen, in die Computer. »Die Computer kontrollieren die Arbeit wie sonst nur an Fließbändern. Sie zählen genau, wie viele Akten ein Beamter bearbeitet, wie viele Schadensfälle ein Sachbearbeiter der Versicherung, wie viele Skiunfälle der Notarzt … Computer regeln jetzt alle normale Arbeit. Punktum.« Computer messen die Effizienz von Arbeit, geben Arbeitstakt und -teilung vor, überprüfen Arbeitsfortschritte. Sie ersetzen große Teile der Arbeit von Bauern. Die frei gewordene Energie müsse in der Wissensökonomie so kanalisiert werden, dass es jetzt nicht mehr nur um Effektivität gehe, sondern darum, das Optimale zu erreichen. Was in der Erkenntnis gipfelt: »Wir brauchen nur noch Menschen, die das Beste verbessern.« Der Computer sagt deshalb zum Bauern: »Gehe hin und sei jetzt kreativ. Höre auf, Sicherheit zu schätzen. Ändere dich täglich. Geh unverzagt ins Ungewisse. Lass das Normale. Werde ein Nomade. Werde ein virtueller Nomade, der in einer neuen unerschöpflichen kreativen Welt von Oase zu Oase zieht! Werde wendig, ideenreich, flexibel.«

Der Jäger ist immer auf der Suche nach neuem, verwertbarem Wissen. Kreativität sucht deshalb permanent nach neuen Gelegenheiten. Es geht darum, Gelegenheiten zu ergreifen, um kreativ zu sein. Kreativität wird auch »als Fähigkeit zum Ausnutzen von Gelegenheiten« definiert. Oder anders gesagt: »als Verwendung von Zufällen zum Aufbau von Strukturen«. Der Großsoziologe aus dem Jenseits verweist auf seinen alten zweistufigen Kreativitätstest (unbewusst für Bauern und Jäger entwickelt): »Man nehme sein Gewissen und gehe in das Nachbarzimmer. Wenn man feststellt, dass der Nachbar Bücher liest wie man selbst, und wenn man dann ein schlechtes Gewissen verspürt, ist man nicht kreativ. Man will ihn nachahmen. Wenn man dagegen feststellt, dass der Nachbar die gleichen Bücher liest wie man selbst und man dann ein schlechtes Gewissen verspürt, ist man vermutlich kreativ. Denn dann sucht man, vielleicht unbewusst, neue Wege. Kreativität wird hier also über die Steuerung von Schuldgefühlen getestet.«

Da hebt einer der großen Basketball-Altmeister den Arm und verweist auf die unbelastete und unschuldige Kreativität als Quelle höchster Freiheit: »Im Spiel haben wir die Freiheit, tätig zu sein, ohne arbeiten oder uns um irgendetwas sorgen zu müssen. Es ist der Zustand, in dem wir die Zeit vergessen und das Spiel unbeschwert wird. Der Moment, in dem der Ball wie an einer Schnur gezogen in den Korb fliegt. Im Moment, in dem die Freiheitsgrade so hoch sind, dass sich der Spieler durch nichts gezwungen oder eingeschränkt fühlt, sollte der Spieler seinen Spieltrieb ausleben, sollte seine überbordenden Kräfte spüren, sich austoben und die Zeit vergessen dürfen.«

Spielerische Kreativität im Job. Die Königsdisziplin in der Neuen Ökonomie. Davon träumen jüngere Generationen, wenn sie bisweilen als Rechercheknechte in Praktika missbraucht werden. Womit wir bei der Generation Y sind. Angesichts kreativer Revolution allerorten kulminieren in ihren Köpfen Sehnsucht und Allmacht: »Wir sind also die Generation *Wir sind nicht hier, wir sind überall* – immer flexibel, permanent online und verfügbar. Es gibt kaum einen Kontinent, auf dem wir keine Freunde haben, immer ist irgendwer gerade unterwegs in ein neues Leben und ständig zeigt die Timeline Lebensortwechsel an. Heimat und Zuhause sind deshalb für uns viel schwerer definierbare Begriffe geworden. Heimat ist für uns meistens dort, wo wir einen Internetanschluss, Freunde und eine Skypeverbindung haben – in anderen Worten – (fast) überall.« Hinzu tritt ein empirischer Sozialforscher: »Dabei geht es weniger um das Work-Life-Klischee, als darum, die verschiedenen Wünsche, Bedürfnisse und Interessen anzuerkennen und organisatorisch zu synchronisieren. Dies wäre wohl auch die Bedingung der Möglichkeit für Kreativität.«

Auftritt einer Gruppe junger wilder Berater in einer deutschen Großstadt: »Als wir mit dem Studium fertig waren, standen wir da: reif für den unterdrückenden Arbeitsmarkt in einer Welt voller Stoppschilder. Kurzum: Wir waren versaut. Wir hatten den Spaß unseres Lebens und wollten partout nicht einsehen, warum das gerade jetzt aufhören sollte. Also haben wir das gemacht, was anscheinend Generation-Y-typisch ist: Wir haben uns zusammengerottet und in der ebenfalls typischen Egomanie festgestellt, dass es doch einen Platz geben muss für uns in der freien Wirtschaft.« Heute leben die jungen, nicht mehr ganz so Wilden übrigens von Unternehmen, die vor lauter Effizienz und Stabilität das Kreativsein verlernt haben.

◀ Tiefenschärfe

Die Offerte im dauerkreativen Marktwettbewerb besteht nur noch darin, der Kreativste zu sein, um nicht nur Kunden zu finden und zu binden, sondern das einzigartige Produkt und die einzigartige Dienstleistung zu erfinden. Unternehmer, Manager und Führungskräfte werden plötzlich kreativ, rundherum bildet sich ein Dienstleistungsheer. So prognostizieren es Wissenschaftler: »Die künftigen Anforderungen des Arbeitsmarktes und die Organisation der Arbeit führen zu einer Zweiteilung der Erwerbstätigen.« Auf der einen Seite die Kernbelegschaften in Unternehmen, die »über Qualifikationen und spezifische Erfahrungen verfügen«, durch die sie für Firmen unverzichtbar werden. Ihnen zur Seite die hoch qualifizierten Selbständigen, die flexibel in die Projektarbeit in Unternehmen eingebunden werden und ihre Aufträge eigenständig und in Netzwerken ausführen. Auf der anderen Seite die Verlierer dieser neuen Arbeitswelt mit den Randbelegschaften, die vorübergehend eingestellt werden und über »solide, aber nicht über unverzichtbare Qualifikationen verfügen«. Und mit der Gruppe der Selbstbeschäftigten. »Sie betätigen sich insbesondere in wissensintensiven und wenig Betriebskapital erfordernden Dienstleistungsbereichen und unterstützen die Netzwerke der Hochqualifizierten mit einfachen Serviceleistungen oder arbeiten im Bereich der personenbezogenen Dienstleistungen.« Es bildet sich in der zukünftigen Arbeitswelt eine Subcodierung des Innen und Außen heraus. Innen die bourgeoisen Arbeitseliten als Eigentümer kreativen Wissens und als Optimierungsstrategen. Außen die proletarischen Randbelegschaften und Selbstbeschäftigten als Verkäufer standardisierter Dienstleistungen und als effektive Erfüllungsgehilfen der Leistungsträger im Inneren.

Reflexe

In den letzten 15 Jahren haben sich mehrere Versöhnungs- und Erlösungssemantiken im Sowohl-als-auch-Modus etabliert. Sie versuchen, das Innen und Außen, das Oben und Unten, das Entweder-oder in Führung und Management miteinander zu verbinden. Ein bereits verstorbener, ehemaliger Minister probierte es beispielsweise mit dem Ausgleich von Solidarität und Wettbewerb: »Wie wird aus einer Wettbewerbsgesellschaft, in der es immer mehr Verlierer als Gewinner geben muss, eine Gesellschaft, die den Wettbewerb fördert, wo er notwendig und hilfreich ist, die aber zuerst auf Zusammenarbeit und gegenseitige Hilfe setzt?« Vorrang haben, so der Doyen, Gemeinwohl, sozialer Ausgleich und soziale Solidarität. Das materielle Gewinnstreben einer Erfolgsgesellschaft müsse zugunsten einer solidarischen Leistungsgesellschaft aufgegeben werden.

Diese postindustriell bezeichnete Gesellschaft fuße auf einer kooperativen Wirtschaftswelt. In den Wirtschaftswissenschaften vollziehe sich diesbezüglich ein Paradigmenwechsel. Ein Leitartikler einer großen Wochenzeitung: »Das neue Bild vom wirtschaftlich handelnden Menschen zeigt eine bemerkenswerte Form der Rationalität. Es ist ein Bild, geprägt von Charakter und Genen, von Evolution und Kultur, Lernen und sozialen Erfahrungen. Vielfach regiert die Intuition. Das bewusste Abwägen schaltet sich zusätzlich ein, aber nur in der Minderzahl unserer Entscheidungen. Das alles ist hoch effizient und hat doch seine Kosten.« Der auf dem Markt agierende und seinen Nutzen maximierende Homo oeconomicus begründet seine Wertschöpfung nicht mehr ausschließlich in einer Wettbewerbs-, sondern in einer kooperativen Ökonomie. Er, der stets rational handelt und durch Geld und Nutzen angespornt wird, mutiert jetzt zu einem tugendhaften Menschen, der gerecht, weise, tapfer und maßvoll durch die Welt geht. Ein Mensch, der sich im Boom nicht mehr von Erfolg und Reichtum blenden lässt und der in der Talsohle seine Existenz nicht mit allen Mitteln zu verteidigen sucht. Jemand, der lang- statt kurzfristig denkt. Kooperativ konkurrieren ist die Leitbegrifflichkeit dieser mit sich selbst versöhnten Ökonomie. »Coopetition« heißt es in einem Standardwerk der Spieltheorie. Es bedeutet, Geschäftsmodelle mit komplementären Mitkonkurrenten, die jetzt Mitspieler heißen, zu betreiben. Also mit Akteuren, die ergänzende Leistungen anbieten, sich aber eigentlich im Konkurrenzumfeld befinden.

Noch einen Schritt weiter geht die Social-Business-Bewegung. Sie beschreibt sich selbst als Motor für eine ökosoziale Marktwirtschaft und verknüpft krisenhafte gesellschaftliche Problemlagen als Geschäftsanlässe mit der Kooperationssemantik des humanen Kapitalismus. Unternehmen verfolgen demnach Ziele, die über die klassische Markt-, Wettbewerbs- und Leistungscodierung der Wirtschaft hinausgehen. Auftritt eines alten Journalistenhaudegens: »Der Zweck von Unternehmen, die dem Social-Business-Gedanken folgen, ist die Lösung gesellschaftlicher Probleme. Social-Business-Unternehmen sind dem Dienst für individuellen, gemeinschaftlichen und gesellschaftlichen Fortschritt im Sinne einer sozial und ökologisch nachhaltigen Entwicklung gewidmet und wurden zu diesem Zweck gegründet. Social-Business-Unternehmen arbeiten ebenso wie normale Unternehmen gewinnorientiert, aber der Hauptteil des Gewinnes verbleibt im Unternehmen und wird zur Ausweitung von dessen jeweiligem sozialen beziehungsweise ökologischen Zweck eingesetzt. Während eine auf Gier ausgerichtete Ökonomie auf monetäre Gewinnmaximierung setzt, setzt eine Social-Business-Ökonomie auf eine Maximierung des sozialen und ökologischen Gewinns bei gleichzeitig hoher ökonomischer Vernunft.«

Es ist kein Wunder, dass um diese Versöhnungswelt im Kapitalismus eine ebenso lebhafte Führungs- und Leadership-Community sesshaft wurde. Ihr zufolge brauche die moderne Arbeitswelt vor allem eins: mehr Menschlichkeit. Ein Mönch tritt als Management-Vordenker auf: »Es kommt darauf an, dienen zu wollen. Die Leithammel, die vorneweg stürmen, wollen herrschen. Wer einmal einen Hirten erlebt hat, der sieht, mit welcher Fürsorge er seinen Tieren dient. Wir führen dieses Dienen zwar gerne im Mund – sprechen von der Dienstleistungsgesellschaft und schimpfen über die Servicewüste. Aber was es wirklich bedeutet, nicht nur dem Kunden zu dienen, sondern auch dem eigenen Mitarbeiter und ihm dadurch seine Würde zu geben, das vergessen manche Führungskräfte. Das Bild vom Hirten beschreibt den Archetyp der Ruhe, der Umsicht und der Verantwortung. Der Hirte ragt gut sichtbar aus seiner Herde heraus, er ist immer in der Nähe und hat alle im Blick. Für die Führungskraft übersetzt heißt das, fürsorglich sein, sich aufrichtig für seine Mitarbeiter interessieren, sich den einzelnen Menschen genau anschauen, sich auch fragen, wie es ihm privat geht. Wenn man auf den Mitarbeiter eingeht, dann ist er produktiver, weil er sich bei seiner Arbeit zugehörig und verstanden fühlt.«

Der oben zitierte Management-Querdenker lässt uns erneut tiefer blicken: »Was wir brauchen, sind ein paar verrückte Leute; seht euch an, wohin uns die normalen gebracht haben.« Mit verrückt sind jedoch nur Menschen gemeint, die ihre Gefühle im Tagesgeschäft nicht ausblenden. Die intensiv leben und sich für das begeistern, was sie tun, weil »sie das ganze Spektrum ihrer Gefühlswelt wahrnehmen können«. Das heißt nicht, dass sie sich davon leiten lassen, leicht die Kontrolle verlieren und unbesonnen handeln. Nein, »sie können mit ihren Ängsten und zwiespältigen Empfindungen umgehen. Sie besitzen ein großes Talent, sich zu beobachten und zu analysieren. Die besten Topmanager denken sehr intensiv über sich selbst nach.«

Abblende

Was ist also der perfekte Chef? Und wer der perfekte Manager und die perfekte Führungskraft? Die Schubladen der Management- und Führungspraxis stehen offen. Anything goes: Narr, Künstler, Diktator, Narzisst, Egomane, Anarchist, Verrückter, Selbstjunkie oder Hirte? Anfangen als Effizienzapostel, der beim dritten Hahnenschrei jeden Zusammenhang zwischen Effektivität, Leistung und Erfolg leugnen wird. Und niemand wird sich über solche überraschenden Wendungen noch wundern. Inszenierung ist alles.

Der Management-Godfather und mancher seiner Epigonen würden sich im Grabe oder in der Chefetage schütteln vor so viel Explosion an Wahrheiten. Und so gibt er noch abschließend mit auf den Weg: »Mach das Beste aus dem, was da ist, und hör auf, dich darüber zu beklagen, dass das nie genug ist.« Bloß, wem hilft diese Erkenntnis eigentlich noch? In einer Welt, in der alles der Fall ist.

Pop regiert die Medienwelt. Befindlichkeit und Pose, Selbstdarstellung und Lebenswelt, Bekenntnis und Identifikation haben das Zepter übernommen. Form schlägt Inhalt! Und selbst der Kunstmarkt wird immer stärker in diese Richtung domestiziert. Kunst wird zum Popevent, um das herum große Spekulationsblasen drapiert werden. Die Bedeutung des Künstlers wird auf sein öffentliches Prestige degradiert. Das wiederum vereinfacht die Zugänge der Bildungsbürger zur Kunst und macht sie offener und weiter, selbst für eindimensionale Menschen, denen jetzt wenigstens der Diskurs erspart bleibt. Der Bildungsbürger, der sich früher die Kunstszene über intellektuelle Pfade erschlossen und sie als Trägergruppe beherrscht hat, ist ein zahnloser Tiger geworden, der sich der Geschmacksduselei des Popimperialismus unterworfen hat. Der Zauber der Kunst verglüht in den Selbstdarstellungsposen moderner Popkultur.

Manager können diesbezüglich von Künstlern lernen. Sie müssten nur den Popkoeffizienten ihrer täglichen Selbstdarstellung stärker in den Mittelpunkt rücken. Keine Sorge: Im Diskurs wird die Führungsfrage ständig neu revitalisiert. Wie bereits am Anfang schon erwähnt: Es wird remixt, recycelt und rebrandet. Jede Authentizität gerät unter die Räder. Alles passiert gleichzeitig und nicht. Es ist nur die Frage, wann ich wie den Diskurs missbrauche. Rein nur für persönliche Zwecke, versteht sich.

Da ist er wieder, der Strukturwandel der Öffentlichkeit aus dem Intro. Jeder besetzt eine Rolle, die das öffentliche Schauspiel offeriert. Wenn er es nicht tut, kommt ein anderer des Weges. Es geht öffentlich immer ums Ganze und ums Nichts. Die Inhalte werden ständig belebt, Interaktion und Assoziation vervielfältigen sich, Remix und Refill von Content sind unbegrenzt. Die Einbahnstraßen-Senderwelt von früher ist vom Aussterben bedroht. Deshalb regieren heute Suchmaschinen in jedweder Größe. Sie zähmen die überbordende Fülle. Die Suchmaschine ist längst die alles beherrschende und kontrollierende Medienarchitektur geworden. Sie wird gefüttert und genährt durch ständige Interaktion und Assoziation. Wissen, Meinung, Tagesaktualität, Gedankensplitter und Theorie verbreien sich permanent aufs Neue und bringen vor allem eines nicht mehr zustande: ein vorläufiges Ende. Denn alles, was wir denken und diskutieren, ist Anfang und Ende zugleich. Dieses Paradoxon löst Aktionismus aus. Auch hier wieder: Es wird remixt, recycelt und rebrandet. Jede Authentizität gerät unter die Räder. Alles passiert gleichzeitig und nicht. Denn die Suchmaschine fragt nicht nach intellektueller Tiefe, sondern nach dem beliebigen »quick and dirty«. Es braucht schnell wirkende Contentdrogen. Dann entspannt sich die Suchmaschine und blubbert synchron mit dem Datenbrei. Ohne Unterlass. Im Hintergrund dramatisieren, skandalisieren und bewerten selbst ernannte Co-Autoren das Weltgeschehen.

Vermögen!

TITEL

Eine Frage der Verteilung

UNTERTITEL

5

SZENE

Aufblende

Steuerentlastung für Vielarbeiter und Leistungswillige. Oder doch reingrätschen in das Vermögen der Reichen? Die Gesellschaft ist sich uneins. Soziale Gerechtigkeit wird zum Spielball. Die Leistungsgerechten rufen: »Finger weg von den Steuern!« Leistung müsse sich weiterhin lohnen dürfen. Die Verteilungsgerechten poltern zurück: »Ran an die Steuern!« Nur die Umverteilung von oben nach unten schaffe zufriedene Bürger. Soziale Ungleichheit wird zum medialen Wettrennen. Titelzeilen lauten: »Ungestört Milliardär bleiben«, »Reich vererbt sich«, »Egoismus statt Gemeinsinn« oder »Die Gerechtigkeitsmisere«. Das Problem dahinter: Jede Debatte und Diskussion über soziale Gerechtigkeit mäandert nur im Delta der eigenen Urteile und Wahrheiten. So haben Politiker und Hartz-IV-Empfänger einen anderen Gerechtigkeitsbegriff als Unternehmer und Manager. Und beide Seiten reden kräftig aneinander vorbei, wenn es um ein gemeinsames Verständnis geht. Game over!

Akteure

- Verteilungsgerechte
- Leistungsgerechte
- Sozial- und Gerechtigkeitsforscher
- Wirtschaftsforscher
- Italienische Banker
- Britischer Industriesoziologe aus dem Jenseits
- Amerikanischer Großphilosoph aus dem Jenseits

- Beinahe-Kanzlerkandidat
- Nonegalitarist
- Sprecherin einer Landesarmutskonferenz
- Wirtschaftsjournalisten und Leitartikler
- Hartz-IV-Biografin
- Ex-Sozialminister
- Quietschfidele Parteivorsitzende
- Europaabgeordneter
- Wirtschaftsphilosophen
- Großsteuerwissenschaftler

Reflexe

Soziale Ungleichheit werde von den meisten Deutschen mittlerweile als »zu groß« empfunden. Die wachsende Schere zwischen Arm und Reich schade langfristig der wirtschaftlichen Entwicklung des Landes. Mit diesem Befund läutet eine parteinahe Stiftung eine weitere Runde im Schlagabtausch ein. Ein Wirtschaftsforscher weiß es anders: »Ungleichheit ist für eine Marktwirtschaft unabdingbar, es kommt auf das richtige Maß an. In den USA bekommen die oberen zehn Prozent 5,1-mal höhere Löhne als die unteren zehn Prozent – in Deutschland ist das Verhältnis eins zu 3,4. Wir stehen besser da als der Schnitt der OECD-Staaten. Und die Menschen empfinden das auch so: Noch nie seit der Wiedervereinigung waren die Sorgen um die eigene wie die allgemeine wirtschaftliche Lage so niedrig wie heute.« Ein Lehrstuhlinhaber für Soziale Ungleichheit spricht hingegen von der »Abstiegsgesellschaft«. Einer Gesellschaft, in der es zwar mehr Erwerbstätige als je zuvor gibt, diese »aber weniger Rechte, weniger soziale Sicherheit und geringere Einkommen haben«. Wer aber steigt auf, und wer steigt ab? Zwei italienische Banker haben stellvertretend die Steuerdaten einer oberitalienischen Stadt unter die Lupe genommen. Das Ergebnis: »Die Top-Verdiener unter den heutigen Steuerzahlern standen bereits vor sechs Jahrhunderten an der Spitze der Leiter.« Es gebe offenbar einen Glasboden, der die Reichen davor schützt, sozial abzustürzen. Das gelte vermutlich, so die Banker, auch für alle anderen Länder Westeuropas. Und los geht's!

Reflexe

Auftritt eines Wohlfahrtsverbandes, von dem seit vielen Jahren die soziale Lage der Nation ins Visier genommen wird. 2016 klingt es im Resümee wie folgt: »Deutschland ist nicht nur eines der reichsten Länder dieser Welt, sondern auch eines der Länder mit der höchsten sozialen Ungleichheit.« Die Vermögensstatistik zeige, dass »das wohlhabendste Prozent der Bevölkerung fast ein Drittel des gesamten privaten Nettovermögens« beanspruche, »während 40 Prozent der Bevölkerung ohne nennenswerte Besitztümer dastehen«. Auch die Einkommensunterschiede würden weiter wachsen. »So seien die realen Einkommen des Erwerbstätigenzehntels mit den besten Verdiensten zwischen 2010 und 2012 um 15 Prozent gestiegen, während die mittleren und unteren Einkommensgruppen Kaufkraftverluste hätten hinnehmen müssen. Derart große Ungleichgewichte würden zunehmend als ungerecht empfunden und schwächten Zusammenhalt und Solidarität.«

Stichwort: Lohngerechtigkeit. Sie ist in der empirischen Gerechtigkeitsforschung ein zentrales Untersuchungsfeld. Wie gerecht oder ungerecht empfinden die Menschen ihre Löhne – bei sich und anderen? Seit Langem weiß man, dass Beschäftigte den Lohn stets aus zwei Perspektiven bewerten: Erstens das Verhältnis von Anstrengung und Entlohnung im Vergleich zu anderen Beschäftigten. Und zweitens die leistungsgerechte Verteilung zwischen Beschäftigten und Unternehmenseignern, also die kollektiven Leistungsanteile. Aus dem Jenseits lässt sich ein britischer Industriesoziologe deutscher Herkunft vernehmen, der einst als Erster das »Gesetz der Grenzdisparität« formuliert hat: »Im rationalen Verhalten der Unternehmer und der Arbeiter wird ein solches Maß an Disparität zwischen Arbeitsmühe und Arbeitsentgelt angestrebt, das gerade noch zumutbar ist, ohne einen offenen Konflikt auszulösen.« Will sagen: Der Einzelne arbeitet so viel, wie er bezahlt bekommt. Und die Firma bezahlt so viel, wie der Einzelne arbeitet. Irgendwo dazwischen wird der Stein der Gerechtigkeit gesucht.
Diese Grenzdisparität wird bis zum heutigen Tage in Deutschland untersucht. Befragt werden regelmäßig Erwachsene zur Angemessenheit der eigenen Entlohnung sowie zu der von Managern und Hilfsarbeitern, also der Gehälter oben und der Bezahlung unten. Das Ergebnis: 54 Prozent der befragten Erwerbstätigen empfinden ihr aktuelles Einkommen als gerecht (als Balance zwischen Arbeitsmühe und Arbeitsentgelt). Hingegen empfinden nur 23 Prozent der Befragten Managergehälter und 29 Prozent Hilfsarbeiterlöhne als gerecht. Ein Arbeitssoziologe kommentiert: »Politisch bedeutsam ist, dass das Ausmaß

an empfundener Entlohnungsungerechtigkeit bei den Managergehältern deutlich größer ist als beim eigenen Einkommen oder bei den Hilfsarbeiterlöhnen.« Rund 75 Prozent empfinden Managergehälter als zu hoch, rund 70 Prozent Hilfsarbeiterlöhne als zu niedrig.

Reflexe

Zu niedrig? Wir sind beim Mindestlohn angekommen. Gerechtigkeitstheoretisch ist er eine arg strapazierte Denkfigur. Die Verteilungsgerechten sind sich schnell einig: »Mindestlöhne sorgen für Gerechtigkeit. Mindestlöhne stoppen die Abwärtsspirale der Löhne, unter der immer häufiger auch Beschäftigte mit Berufsausbildung oder Studium leiden.« Mindestlöhne schaffen einen »fairen Wettbewerb«, weil mehr Löhne die Binnenwirtschaft ankurbeln, für mehr Gleichberechtigung sorgen (Frauen werden von Lohnarmut befreit), »würdigere Arbeitsbedingungen« schaffen und den Staatshaushalt entlasten. Kurzum: Würde der Staat Mindestlöhne vorschreiben, hätte dies volkswirtschaftlich einen höheren Nutzen – bei gerechteren Löhnen für alle.

Die Leistungsgerechten pochen wiederum auf ihre Sicht der Dinge: »Wenn Mindestlöhne … eingeführt werden, ist das letztlich nichts anderes als eine protektionistische Maßnahme. Der Wettbewerb wird eingeschränkt und die Preise werden künstlich hochgehalten.« Mindestlöhne würden keinen beschäftigungspolitischen oder volkswirtschaftlichen Nutzen stiften. »Potentielle Wohlfahrtsgewinne« seien nicht zu erwarten. Kurzum: Würde der Staat Mindestlöhne vorschreiben, würde es über die

Verteuerung von Arbeit zu höheren Preisen, zur Vernichtung von Arbeitsplätzen und zu volkswirtschaftlich negativen Effekten kommen.

Auftritt eines Beinahe-Kanzlerkandidaten von morgen: »Wer 40 Stunden die Woche arbeitet, erhält am Ende des Monats rund 1470 Euro brutto. Nicht viel für ein Arbeiten in Würde. Auch diese Beschäftigten gehören zu den Leistungsträgern unserer Gesellschaft. Hier liegt die größte moralisch-ökonomische Herausforderung, die sich unserer Volkswirtschaft überhaupt stellt: dass so viele, die sich anstrengen und vieles richtig machen, trotzdem nicht weit kommen. Da müssen wir ran.«

Ran an was? In der Praxis zeigen sich die unterschiedlichsten Folgeabschätzungen des Mindestlohns, die je nach Lagerzugehörigkeit unterschiedlich interpretiert werden. Es gibt Verlierer und Gewinner, je nachdem, welche Sichtachse man anlegt. So hat die Einführung des gesetzlichen Mindestlohns von derzeit 8,50 Euro je Stunde beispielsweise die Zahl der Praktikumsplätze in Deutschland um mehr als die Hälfte verringert. Vor der Einführung des Mindestlohns im Januar 2015 bestätigten rund 70 Prozent der Unternehmen, sie böten freiwillige Praktikumsplätze an, danach waren es nur noch rund 34 Prozent. Leidtragende sind vor allem junge Menschen, die deutlich weniger »Schnupperpraktika« zur ersten Berufsorientierung angeboten bekämen. Nicht gut. Andererseits profitieren schwerbehinderte Menschen vom Mindestlohn, weil er ihnen größere Chancen auf dem Arbeitsmarkt eröffnet. Sogenannte Integrationsfirmen, in denen mindestens 25 Prozent der Belegschaft Menschen mit Behinderung sind, zahlen nämlich Mindestlohn und damit mehr als bisher in Werkstätten und anderen Behinderteneinrichtungen. Die Zahl der Integrationsfirmen solle sich in den nächsten

Jahren verdoppeln. Ein entsprechender Antrag im Bundestag wird in 2016 noch verabschiedet. Gut.

Tiefenschärfe

Um die beiden Sichtachsen Verteilungs- und Leistungsgerechtigkeit besser zu verstehen, müssen wir ihre Herkunft näher beleuchten. In den jeweiligen Semantikcontainern liegen Begriffe, Thesen und Argumente bereit, mit denen sich die Selbstgerechten beider Welten munitionieren, wenn sie in die Arena politischer Auseinandersetzungen steigen.

Im Mittelpunkt der Leistungsgerechtigkeit steht der Einzelne, der über Leistung den Grad seiner persönlichen Freiheit bestimmt. Autonom ist, wer etwas leistet. Unfrei ist, wer nichts leisten darf und kann (Paradigma einer liberalistischen Gerechtigkeit). Es geht um die Verteidigung einer liberalen Ökonomie. Die soziale Steuerung erfolgt über den Markt. Im Mittelpunkt der Verteilungsgerechtigkeit steht der Sozialstaat, der soziale Gleichheit für alle herstellen und soziale Ungleichheit kompensieren will (Paradigma einer egalitaristischen Gerechtigkeit). Es geht um die Herstellung einer umfassenden sozialen Gerechtigkeit durch die Legitimierung gesellschaftlicher Institutionen. Die soziale Steuerung erfolgt über Hierarchie.

Anders gesagt: Es entsteht eine diskursive Kampfzone zwischen staatlicher Lenkung und Kontrolle sowie ungezügeltem Markt und Nichteinmischung. Damit wird eine differenzierte Begründungsarchitektur vitalisiert, aus der man sich je nach narrativen Erfordernissen bedienen kann. Einerseits soll der Staat führen und lenken, andererseits will der Einzelne nicht geführt werden, sondern sich selbst führen. Es kommt zu einem Dilemma aus Führen und Geführt-Werden, aus Fremd- und Selbstherrschaft. Dahinter leuchtet das Demokratieparadoxon. Der Bürger soll selbst herrschen, gleichzeitig auch beherrscht werden.

Was wiederum nur funktionieren kann, wenn alle Bürger über gleiche Ressourcen verfügen und nicht über andere herrschen können. Um dies zu erreichen, müssen die Mittel so verteilt werden (entweder bei Eintritt in die oder während des ganzen Lebens in einer Gesellschaft), dass sich niemand benachteiligt fühlt. Ein amerikanischer Großphilosoph meldet sich aus dem Jenseits: »Nehmen wir zum Beispiel an, dass ein einigermaßen wohlhabender Mann mehrere Kinder hat, von denen eines blind ist, ein anderes ein Playboy mit kostspieligen Vorhaben, ein drittes ein angehender Politiker mit teuren Ambitionen, ein weiteres ein Dichter mit bescheidenen Bedürfnissen, ein fünftes ein Bildhauer, der mit teuren Materialien arbeitet, und so weiter. Wie soll er sein Testament gestalten?« Wenn es ihm nur um das Wohlergehen seiner Kinder geht, würde er es sehr unterschiedlich verteilen, womöglich dem Schwächsten am meisten geben. Wenn er hingegen Ressourcengleichheit erreichen will, müsste er sein Vermögen zu gleichen Teilen aufteilen, vorausgesetzt, die Kinder sind in etwa gleich wohlhabend. Der individuelle Lebensentwurf mit seiner je spezifischen Glücks-, Wohlergehens- und Erfolgsarchitektur rückt jetzt ins Zentrum egalitaristischer Rechtfertigungsbemühungen. Da Menschen aber diesbezüglich ganz unterschiedliche Präferenzen haben, wird das Geschäft des Umverteilens unübersichtlicher und schwieriger. Anders gesagt: Die Ungleichheit individueller Ansprüche, Ziele und Erwartungen stiftet in der liberalen Gleichheitssemantik Verwirrung. Um im Beispiel zu bleiben: Würde der Vater zu dem Ergebnis kommen, dass er dem behinderten Kind zum Ausgleich mehr vom Erbe zukommen lässt, würde er gleichzeitig dem Kind mit den teuren Ansprüchen Ressourcen vorenthalten, um dessen kostenintensiveres Leben besser zu finanzieren. Es gibt »keine Symmetrie zwischen der Ressourcenungleichheit, die Beeinträchtigungen ausgleichen soll, und der Ressourcenungleichheit, die zur Finanzierung eines teuren Lebensstils erforderlich ist«. Das Problem ist sogar: Wer Wohlergehensgleichheit will, erntet Ressourcenungleichheit. Und umgekehrt: Wer Ressourcengleichheit will, wird Wohlergehensungleichheit in Kauf nehmen müssen. Kurzum: Würde das behinderte Kind mehr Vermögen bekommen, würde das erfolgsambitionierte Kind dadurch ungleich behandelt. Würden beide gleich viel Vermögen erhalten, würde das behinderte Kind eingeschränkt sein, sein Wohlergehen zu erhöhen.

Tiefenschärfe

Kein Wunder, dass der Egalitarismus stark unter Beschuss gerät. Graue Theorie, sagen die Kritiker. Besser konkret die Welt verändern. Auftritt eines Nonegalitaristen: »Es kommt darauf an, ob Menschen ein gutes Leben führen, und nicht, wie deren Leben relativ zu dem Leben anderer steht.« Nicht die Gleichheit ist das Ziel, sondern menschenwürdige Lebensbedingungen für alle. Im Zentrum steht für die Nonegalitaristen deshalb der Leitbegriff der Menschenwürde. Dieses Konzept einer menschenwürdigen Gleichheit zielt auf eine »anständige Gesellschaft«, welche die Beseitigung jeder Form von Ungleichheit zum Ziel hat, die zu individueller Demütigung führt. Gemeint sind damit alle Handlungen und Kommunikationen, welche soziale Unterordnung bis hin zu sozialem Ausschluss von Nicht-Gleichen nach sich ziehen. Demütigende Ungleichheit ist per se nicht zu tolerieren. »Das Übel ist die Armut sowie das Leiden und die Erniedrigung, die mit ihr einhergehen, nicht die Ungleichheit.«

Reflexe

Zurück im richtigen Leben kommt es zu einem beiderseitigen Aufbrausen gegen Demütigung und Ausgrenzung durch Armut. Aber auch in diesem Zusammenhang erleben wir wieder jene moralisch begründete Selbstvergewisserung und Zentrierung, die keinen Brückenschlag zulässt. Auftritt einer ehemaligen Stadtsenatorin, jetzt Sprecherin einer Landesarmutskonferenz: »Es gibt immer mehr Familien, in denen Armut vererbt wird. Die Kinder wachsen in Lebensumstände hinein, die von Frust geprägt sind. Ihnen fehlen die elterlichen Vorbilder, sie entwickeln eine Lebenshaltung, dass sowieso alles keinen Sinn macht. Wenn sie dann eine Lehrstelle suchen und zweimal abgelehnt werden, fangen sie sich nicht mehr.«

Ein wirtschaftsliberaler Leitartikler kontert: »Armut kann, erstens, sinnvollerweise nur relativ gemessen werden. Arm ist, wer nicht mehr normal am Leben der Gesellschaft teilhaben kann, und das bedeutet in München etwas anderes als in einer afrikanischen Stadt. Mit einem deutschen Hartz-IV-Satz gehört man in Eritrea zum Mittelstand, vom Monatseinkommen eines Armen aus Eritrea lebt man in München nicht einmal einen Tag lang.« Ein Wirtschaftsprofessor unterstützt unterschwellig:

»Einer vierköpfigen Familie stehen rund 2000 Euro netto im Monat an staatlichen Transferzahlungen zur Verfügung.«

Kinder, so sagen Sozialforscher, sind am stärksten von Armut bedroht. Ihre Armutsquote liegt mit 19 Prozent deutlich über dem Durchschnitt der Bevölkerung. »Das hat vorwiegend mit gesellschaftlichen Veränderungen und dem Wandel der Familienstrukturen zu tun: Die Zahl der Alleinerziehenden hat in den vergangenen Jahrzehnten zugenommen. In dieser Gruppe ist das Armutsrisiko aber besonders ausgeprägt. Die Hälfte der armen Kinder lebt heute im Haushalt eines alleinerziehenden Elternteils.«

Ein Wirtschaftsjournalist relativiert in die andere Richtung: »Ein Einkommen, das in München nicht zum Leben reicht, kann aber in Mecklenburg-Vorpommern eine auskömmliche Existenz sichern.« Er verlangt mehr politisches Engagement: »Mehr Tempo ist gefragt beim Ausbau der Kinderbetreuung, damit Alleinerziehende nicht länger nur schlecht bezahlte Teilzeitjobs annehmen können.« Und der bereits zitierte Wirtschaftsprofessor ergänzt: »Die Armutsrisiken von Alleinerziehenden ... können nachhaltig nur verringert werden durch moderne und leistungsfähige Infrastrukturen, die familiale Defizite kompensieren, angefangen bei einer bedarfsgerechten Kinderbetreuung über gut ausgestattete Schulen und Hochschulen bis hin zu den Ausbildungs- und Weiterbildungseinrichtungen.« Also doch wieder für mehr Ressourcengleichheit sorgen? Nein, ruft eine Hartz-IV-Biografin zurück: »Arm sein bedeutet, dass man immer damit beschäftigt ist, seine Existenz zu sichern, Risiken vorauszukalkulieren und jede kleine Entscheidung viel Kraft kostet und ernste Konsequenzen hat, während andere einfach ausprobieren und sich Fehler leisten können.« Menschenwürde sei der eigentliche Schlüssel, den Freiraum zur Korrektur biografischer Fehlentscheidungen wahrnehmen und wieder, falls nötig, neu oder an einem anderen Punkt anfangen zu können.

Reflexe

Zur Ressourcengleichheit ebenso wie zur Menschenwürde gehöre deshalb auch das Konzept eines Grundeinkommens für alle. Ein Großunternehmer brachte es auf den Punkt: Ein Grundeinkommen ist »die Basis für ein selbstbestimmtes Leben in Freiheit, das wiederum Kreativität und Leistungsfähigkeit ermöglicht«. Das Grundeinkommen sei mehr als Geld für alle: ein Startkapital, um sein Leben in die Hand nehmen zu können. Wer heute Akteure in Wirtschaft und Politik danach befragt, erlebt ein gerechtigkeitspraktisches Tohuwabohu im Brennglas.

Betrachten wir in diesem Zusammenhang nur einige Helden stellvertretend für ihre jeweilige Gerechtigkeitskaste:

Es tritt auf ein Ex-Sozialminister, der meint: »Das bedingungslose Grundeinkommen ist ungerecht und Geldverschwendung: Warum soll ein Millionär ein bedingungsloses Grundeinkommen erhalten, dessen er gar nicht bedarf – und das zudem von denen mitbezahlt wird, die nicht so wohlhabend sind?«

Von der Seite grätscht eine quietschfidele Parteivorsitzende: »Kurzum, es geht darum, dass jede und jeder sich aufrechten Ganges in die politische Gestaltung der Gesellschaft einbringen kann. Insofern wäre das Grundeinkommen eine Demokratiepauschale.«

Halt, ruft ein Europaabgeordneter einer konkurrierenden Fortschrittspartei: »Die Mehrkosten des Grundeinkommens gegenüber einer guten Grundsicherung sind genau die Mittel, die wir für Gemeinschaftsgüter für alle brauchen: Investitionen in gute Kinderbetreuung, Schule, Hochschule, Sozialarbeit und öffentliche Verkehrsinfrastruktur sind das Gebot der Stunde.«

Und in trauter Eintracht hebt ein Wirtschaftsforscher an: »Den Deutschen ist ein selbstbestimmtes Leben von höchstem Wert, die Erwerbsarbeit ist dafür von herausragender Bedeutung. 70 Prozent sagen: Wer mehr leistet, der soll auch mehr verdienen. Dagegen steht die Idee eines bedingungs- oder treffender leistungslosen Grundeinkommens. Leistungslos bedeutet zugleich verantwortungslos, denn der Einzelne ist unabhängig von jeder Voraussetzung anspruchsberechtigt.«

Und ein Leitartikler spannt den Bogen zur nächsten Gerechtigkeitsfalle, in die wir gleich tappen werden: »Die deutschen Politiker, die gewählt sind, den Staat von heute und morgen zu organisieren, sollten sich auf die sehr dringende und seit Jahren verschleppte Aufgabe konzentrieren, das geltende Steuerrecht gerechter, transparenter und effektiver zu machen. Dringend muss es eine große Steuerreform geben, die die Gewichte neu verteilt und die Mittelschicht entlastet. Das bedingungslose Grundeinkommen wird nach der Schweizer Abstimmung jetzt hoffentlich wieder dort landen, wohin es bis auf Weiteres auch gehört: in die Denkerstuben der Republik.«

Stichwort: Steuergerechtigkeit. Zunächst müssen wir kurz klären, nach welchen Richtlinien ein gerechtes Steuersystem überhaupt aufgebaut ist. Diesbezüglich gibt es in der Volkswirtschaftslehre zwei Steuerprinzipien: das Nutzenprinzip und das Leistungsfähigkeitsprinzip.

Nutzenprinzip: Der Einzelne wird nach der Höhe des Nutzens besteuert, den er aus öffentlichen Gütern zieht (zum Beispiel die Mautgebühr für das Überfahren einer Brücke).

Leistungsfähigkeitsprinzip: Der Einzelne wird nach der Höhe des Einkommens und Vermögens besteuert, womit eine Umverteilung höherer auf ärmere Einkommensschichten erreicht wird.

Die steuerliche Leistungsfähigkeit ist mit der Fähigkeit gekoppelt, Steuern bezahlen zu können. Ein Steuerrechtswissenschaftler konkretisiert: »Das Leistungsfähigkeitsprinzip ist nur die verkürzte Bezeichnung für das Prinzip gleichmäßiger Besteuerung nach der Leistungsfähigkeit.« Das Leistungsfähigkeitsprinzip wird in Deutschland durch die Progression abgebildet, durch die mit steigendem Einkommen auch die Steuerlast wächst. Der Gesetzgeber ist allerdings angehalten, Steuern nach der Maxime zu erheben, jedem »einen bestimmten, nicht übermäßigen Teil seines Einkommens« zu nehmen, »und zwar entsprechend der Höhe seines disponiblen Einkommens«.

Auftritt eines empirischen Gerechtigkeitsforschers, der sich mit dieser Höhe ausführlich beschäftigt hat und zwei Ergebnisse präsentiert. Erstens: »Wer zur Spitzenverdienergruppe gehört, beurteilt seine Steuerlast im Mittel deutlich weniger ungerecht als Bezieher niedrigerer Einkommen. In der untersten Einkommensgruppe und erst recht in den obersten Gruppen wird die eigene Steuerlast tendenziell als gerecht angesehen.« Zweitens: »Ungelernte Arbeiter zahlen aus Sicht der Mehrheit zu viel, Manager zu wenig Steuern.« Das heißt: Die Ärmsten und Reichsten stimmen der Progression zu. Die Mehrheit sieht das anders.

Womit wir wieder – identisch wie bei dem Thema Lohngerechtigkeit – zwei konfliktäre, unvereinbare Positionen vorfinden. Nehmen wir eine ganz zentrale Argumentation näher unter die Lupe. Es geht um das Für und Wider der progressiven Einkommensteuer:

Verteilungsgerechtigkeit: Eine progressive Einkommensteuer ist gerecht, weil sie mit steigendem Einkommen höher ausfällt. Damit findet eine geordnete Umverteilung von oben nach unten statt, die soziale Ungleichheit zu kompensieren versucht.

Leistungsgerechtigkeit: Eine progressive Einkommensteuer ist ungerecht, weil sie mehr Leistung mit mehr Abgaben belegt und mehr Einkommen und Kaufkraft bestraft. Damit findet eine verordnete Umverteilung von oben nach unten statt, die Leistung sozial ungleich zu bewerten versucht.

Egal, wie man es nun dreht, keiner verlässt sein Schneckenhaus. Und anschlusskommunikativ wird jede Position argumentativ bis an die Zähne bewaffnet verteidigt, wie wir am Beispiel der Vermögensteuer und dahinterliegend der Vermögensungleichheit in Deutschland gleich sehen werden.

Auftritt eines Sozialforschers: »Die Gründe für die drastische Zunahme der Vermögensungleichheit liegen jenseits der vielzitierten Leistungsgerechtigkeit. Seit den 90er Jahren sind Kapitaleinkünfte und Unternehmensgewinne deutlich gestiegen, während im Verhältnis dazu die Arbeitseinkommen stark schrumpften. Dadurch wurden Besitzer von Sach- und Finanzvermögen, von Immobilien und Unternehmensbeteiligungen gegenüber denen ökonomisch bevorteilt, die für ihren Vermögensaufbau auf Arbeitseinkommen angewiesen sind.« Hinzu komme, dass zwischen 2000 und 2010 zwei Billionen Euro, immerhin 27 Prozent des Gesamtvermögens in Deutschland, vererbt wurden, aber fast die Hälfte der Bevölkerung davon nicht profitieren konnte. Die Folge: Immer weniger Menschen verfügen über einen Wohlstand, den sie nicht versteuern müssen und den sie vor allem nicht durch Leistung, Wettbewerb und Markterfolge erzielt haben. Ein Wirtschaftsjournalist erläutert: »Das heutige Abgabensystem verfehlt seine selbst gesteckten Ziele, es fordert die Bürger zu wenig nach ihrer Leistungsfähigkeit … es belastet vielmehr systematisch Einkommen aus Arbeit, während es die Bildung von Vermögen, das sich aus sich selbst vermehrt, privilegiert.« Im Klartext: Jemand, der vermögend ist, aber kein Einkommen hat, muss auch keine Steuern bezahlen, obwohl er leistungsfähig ist. Weshalb ein Wirtschaftspublizist fordert: »Man kann Bar- und Firmenvermögen, Erbschaften und Immobilienbesitz deutlich höher besteuern als in Deutschland, ohne dass deshalb die Wirtschaft zugrunde geht, die Reichen auswandern oder der Kommunismus Einzug hält.«

Da kontert ein Leitartikler: »Im internationalen Vergleich ist die Belastung der Deutschen mit direkten Steuern und Abgaben nicht gerade gering … Die Organisation für wirtschaftliche Zusammenarbeit OECD kritisiert seit Langem die hohe Steuern- und Abgabenbelastung in Deutschland.« Und außerdem relativiert ein Wirtschaftsforscher: »Die Vermögensungleichheit in Deutschland ist dagegen seit der Jahrtausendwende ungefähr konstant.« Ein Kollege unterstützt ihn: »Die Debatte wäre vor einem Jahrzehnt berechtigt gewesen. 2005, als die Agenda-Reformen umgesetzt wurden, blickten wir zurück auf eine Phase, in der der Niedriglohnsektor wuchs, die Mittelschicht schwächer und die Einkommen ungleicher wurden. Seitdem aber sind all diese Indikatoren stabil – und wir haben eine enorme Zunahme an Beschäftigung.« Eine Umfrage unter Wirtschaftsprofessoren zeigt hinsichtlich der Vermögensungleichheit keine Eindeutigkeit. Eine große deutsche Tageszeitung fasst zusammen: »71 Prozent der Professoren sagten, diese habe zugenommen; 12 Prozent verneinten dies. Fast die Hälfte bezeichnete die Vermögensungleichheit in Deutschland als hoch, 14 Prozent als sehr hoch. Im Vergleich zur Lage in anderen Ländern des Euroraums sehen die Ökonomen die hiesige Vermögensungleichheit als eher hoch an, im Vergleich zu Großbritannien und den Vereinigten Staaten sei sie jedoch eher niedrig.« Was aber auch mit anderen Faktoren zusammenhinge, wie etwa dem Immobilienbesitz, sagt ein Wirtschaftsforscher: »In Ländern, in denen viele Menschen Immobilien besitzen, ist die messbare Ungleichheit weniger hoch – und umgekehrt. In Deutschland liegt die Quote mit unter 50 Prozent international sehr niedrig, das Vermögen ist entsprechend geringer.«

Im Grunde genommen gibt es drei Tasten, auf die wir argumentativ drücken können, um in den Diskurs um Steuergerechtigkeit einzusteigen. Je nachdem, wo wir drücken, wird eine andere Melodie gespielt: Taste 1, der Staat sei grundsätzlich ein legaler Räuber und Wegelagerer. Auftritt eines Großphilosophen, der Steuern als maßlosen Ausdruck einer staatlichen Okkupationslogik betrachtet, »bei allen Vorgängen unseres ökonomischen und vitalen Stoffwechsels … mit im Spiel zu sein, das heißt hier: eine Prämie auf alles zu nehmen«.

Taste 2, der Staat betrachte Steuern als gerechten Preis für ein Leben seiner Bürger in geordneten Verhältnissen. Auftritt eines Wirtschaftsphilosophen, der Gesellschaft als kooperatives Netzwerk betrachtet, das sowohl ökonomisch als auch ethisch legitimiert werden muss. In dem aber, so seine Denkfigur, die Hochtalentierten mehr profitieren als die Schwächergestellten. Weswegen sie auch mehr Einkommensteuer (Progression) als Benutzungsgebühr bezahlen sollen. »In dem Gedanken der Benutzungsgebühr ist die Überlegung enthalten, dass der karrierepolitisch erfolgreiche Einsatz der natürlichen Fähigkeiten, Talente und Begabungen ebenso wie die positive Verzinsung günstiger sozialer Startbedingungen abhängig von einem gut funktionierenden, hinreichend ausdifferenzierten und politisch stabilen, durch allgemeine Anerkennung getragenen sozioökonomischen Kooperationssystem ist.«

Und Taste 3 bedeutet, der Staat müsse Maß halten und das Prinzip der Freiheit des Einzelnen achten. Hier treffen wir zum Abschluss einen Großsteuerwissenschaftler mit seinem Credo: »Eine Steuer ist freiheitsgerecht ausgestaltet, wenn sie den Pflichtigen möglichst gering belastet, ihm also den wesentlichen Teil seines Einkommens, seiner Kaufkraft und seiner Erbschaft zum eigenen Nutzen belässt. Die Steuer hat auch die Freiheit des Einkommensbeziehers und Konsumenten zu achten, über sein Einkommen und seine Kaufkraft möglichst unbeeinflusst zu verfügen.«

Abblende

Das Thema »gerechte Löhne und Steuern in Deutschland« steckt fest in den verschleimten Erörterungs- und Begründungskorridoren mit ihren unversöhnlichen Kombattanten. Jeder dieser Akteure erfüllt seine Argumentationspflichten. Wichtig ist dabei längst nicht mehr die Qualität des Diskurses oder die Möglichkeit von Versöhnung und Interfusion der Positionen, sondern das Besetzen und Behaupten der Rollen im Drehbuch. Ob Wirtschaftsforscher oder Sozialpolitiker, ob Philosoph oder Lobbyist, jeder wird zur gegebenen Zeit aufgerufen, seine Rolle im Hinblick auf die Gesamtinszenierung zu spielen. Überraschen kann dabei keiner mehr. Jedes Argument ist längst schon eingeordnet in die Kaskade jeweiliger Gerechtigkeitsverteidigungen. Die Plädoyers sind längst geschrieben.

Verzweifeln muss die moderne Gesellschaft daran nicht. Denn ihre Perspektivendifferenz ist der Schlüssel für situationsbezogene Kompetenz. Je nachdem, welche Perspektive man einnimmt (und es gibt gute Gründe, jede einzunehmen), würde auch eine gerechte Lösung herauskommen. Ein bekannter Nobelpreisträger hat über Gerechtigkeit folgende Worte geschrieben: »Für sämtliche unterschiedliche Lösungen sprechen gewichtige

Argumente, und wir können möglicherweise keines der alternativen Argumente ohne eine gewisse Willkür über die anderen stellen.« Eine Gesellschaft ist ständig auf der Suche nach Selbstvergewisserung und eigenlogischer Begründung. Dafür benötigt sie Begriffe, Metaphern und Bilder, die im jeweiligen Korridor *jenen* sozialen Sinn entfalten können, mit dem die Mitglieder ihre besondere Zugehörigkeit legitimieren können. Es kommt zu unterschiedlichen Publikumszugehörigkeiten, je nach Perspektive. Die Gesellschaft als Ganzes wird jedoch »undarstellbar«. Auch das können wir aushalten. So stimmen wir zu guter Letzt der Erkenntnis eines Großphilosophen aus dem Jenseits zu: »Was sich überhaupt sagen lässt, lässt sich klar sagen; und wovon man nicht reden kann, darüber muss man schweigen.« Das gilt auch für die Frage der Verteilung.

Ärztlich assistierter Suizid!

TITEL

Eine Frage der (gestalteten) Autonomie

UNTERTITEL

6

SZENE

Aufblende

Dieses Thema kommt – wie könnte es anders sein – auf leisen Sohlen daher: kein Donnerhall, keine lauten Debatten, auch keine deutlichen Lager, die eindeutig mit den üblichen verdächtigen Lagerbildungen übereinstimmen. Dennoch bildet sich in ihm ein paradigmatischer Konflikt der Moderne ab. Nämlich der Konflikt über das Verhältnis von individueller Entscheidung und kollektiver Überwachung der dazugehörigen Entscheidungsalgorithmen, auch der Konflikt über die Frage nach dem Vorrang von Laien- oder Expertenwissen und über das Verhältnis von Profession und Klient, erst recht der Konflikt über die Regulierbarkeit einer schwierigen Praxis.

Die Rede ist vom ärztlich assistierten Suizid. So die korrekte Bezeichnung eines Sachverhalts, der in der Öffentlichkeit mit dem Begriff der »Sterbehilfe« belegt ist und dessen oft missverständlich gebrauchte Komposita als »aktive« oder »passive« Sterbehilfe im Jahr 2015 die Diskussion um eine gesetzliche Regelung ärztlicher Assistenz beim Suizid von Schwerkranken bestimmt haben. Jedenfalls ist eine große Mehrheit der Deutschen gemäß Umfragen für eine Liberalisierung der Möglichkeiten von ärztlicher Beihilfe zum Suizid. Und obwohl Suizide nicht strafbar sind und es folglich auch die Beihilfe nicht sein kann, gibt es Sonderregelungen für Ärzte, für die aus standesrechtlichen (ärztliches Selbstverständnis) und strafrechtlichen (Garantenstellung) Gründen eine Suizidassistenz schwierig ist. Die gesamte Debatte – Reaktionen und Reflexe, Selbstauslöser und Argumente – konzentriert sich denn auch auf die ärztliche Rolle des Geschehens, denn im Arzt kulminiert beides: die Ambivalenz der Lebensverkürzung und das Expertenwissen über die genauen Möglichkeiten, die Beihilfe unter menschenwürdigen Bedingungen zu gestalten. Im Fokus sind also der ärztliche Auftrag und die individuelle Entscheidung des Patienten.

Das Zweite ist ohnehin der Horizont, in dem sich das dichterische und philosophische Denken des Abendlandes zum Thema Sterben und Tod – als eindringlichste Symbole für die unhintergehbare Individualität des Menschen – im 19. und 20. Jahrhundert abgespielt hat. Trotz zweier Jahrhunderte fast industriell produzierter Abermillionen Toter, zumeist geopfert zur Beförderung des Lebens (von Volk, Nation, Rasse, Klasse oder Erlösungsgemeinschaft), ist der Tod der Individualisierer schlechthin geworden. Die entsprechenden Motive (und Autoren) sind bekannt: der eigene Tod als Generator von Entscheidungen beim dänischen Nationalphilosophen; als eigenste und unbezügliche Möglichkeit beim vielleicht umstrittensten Philosophen des 20. Jahrhunderts; als Symbol für die Sinnlosigkeit kollektiver Sinngebungen beim ersten und als wahrer Generator des Ichs beim zweiten Begründer der teutophonen Soziologie; als Geschenk und Gnade in der deutschen, als absurdes Symbol der Absurdität des je eigenen Lebens in der französischen Dichtung; gar als Garant individueller Sprecherpositionen mit Geltungsansprüchen beim Begründer der Diskursphilosophie oder auch im Denken der vielleicht prominentesten französischen Feministin. Allen scheint es eine ausgemachte Sache zu sein, dass sich im Tode die Einzigartigkeit des Individuums ereigne. Es mag paradox klingen, dass die Vernichtung des Ichs oder wenigstens die Antizipation dieser Vernichtung seine Individualität befördere. Doch mit dem Verschwinden (angeblich) sicherer kollektiver Sinngebungen des Todes sterben mit jeder Lebensgeschichte unverwechselbarere Personen als zuvor. Insofern mag der eigene Tod der individuellste aller Horizonte sein – auch wenn er sich jeglicher Perspektive entzieht.

Wohl auch deshalb wird so leidenschaftlich nicht über den Tod, sondern übers Sterben debattiert. Und auch hier geht es offensichtlich nicht ums Sterben schlechthin, sondern ums eigene Sterben. Der grundlegende Fetisch, um den alles kreist, ist der eigene Wille des Sterbenden. Fast hört es sich so an, als müsse man ein Sterbender werden, um einen eigenen Willen zugestanden zu bekommen. Dabei ist ein altes, immer wieder neues Versprechen der Moderne mit im Spiel: die Herstellung von *Symmetrie*, von selbstbestimmten Lebensverhältnissen, von *Augenhöhe* und *Autonomie*. Wir debattieren über Patientenverfügungen als Willensäußerungen für den Fall, dass wir keinen klaren Willen mehr äußern können. Wir debattieren darüber, welcher Wille zum Sterben ein echter Wille und welcher nur oktroyiert oder gar pathologisch ist. Wir diskutieren, welche moribunden Patienten welche Therapie wann wollen und welche nicht, wie die Orte des Sterbens in Hospizen, auf Palliativstationen oder zu Hause zu gestalten sind, was ein Sterbender noch zu regeln hat und wie angemessenes Abschiednehmen in einer Mischung aus Zustimmung und traurigem Verzicht aussieht, und schließlich: ob man Lebensmüde ohne unmittelbaren medizinischen Anlass so ernst nehmen darf, dass man ihnen beim Sterben Beihilfe leistet. All das sind sehr individuelle, sehr private, sehr intime Fragen, die die Menschen tatsächlich auf sich selbst verweisen und die ihnen das garantieren sollen, was normativ allenthalben gefordert wird: *einen eigenen Tod zu sterben* und dafür auf gleicher Augenhöhe mit flankierenden Experten selbst zu sorgen.

Akteure

- Philosophen, Soziologen, Dichter des 20. Jahrhunderts
- Ehemaliger Ratsvorsitzender der EKD
- Evangelischer Theologe
- Intendant, inzwischen verstorben
- Junge attraktive, krebskranke Frau, inzwischen verstorben
- Ärztefunktionär
- Mehrere Palliativmediziner
- Medizinethiker
- Journalist und Anwalt
- 602 Bundestagsabgeordnete jenseits der Fraktionsbindung
- Bundeskanzlerin

Reflexe

Wenn Autonomie, Selbstbestimmung, Individualität der Horizont der Debatte ist, dann taucht als dominanter Reflex die Frage danach auf, ob die autonomen Ichs auch wirklich wollen, was sie sollen. Anders formuliert: Wenn schon Selbstbestimmung, dann soll das Ergebnis wenigstens angemessen sein. Es ist wahrscheinlich kein Zufall, dass es gerade zwei evangelische Theologen waren, die diese Differenz von Wollen und Sollen am stärksten auf den Begriff gebracht haben. Ein ehemaliger Ratsvorsitzender der EKD schreibt in einer der führenden Tageszeitungen des Landes einen voluminösen Beitrag, in dem es heißt: »In diesen Zusammenhang gehört die Parole vom ›selbstbestimmten Sterben‹. Sie beruht auf einer Vorstellung von menschlicher Autonomie, der zufolge der Mensch, weil er über sich selbst nachdenken kann, über sein Leben im Ganzen verfügt. Auch das Sterben wird dem Prinzip der Selbstbestimmung unterworfen. Dabei wird ein wichtiger Charakter menschlicher Selbstbestimmung verkannt. Zu ihr gehört nämlich, auch diejenigen Seiten unseres Lebens anzunehmen und im Maß des uns Möglichen zu gestalten, über die wir nicht verfügen: Zeit und Ort unserer Geburt, die Begabungen, die uns anvertraut sind, die Gelegenheiten, die sich uns bieten, aber auch die Erkrankungen, die uns widerfahren, gehören dazu. Man braucht in diesen Tagen nur das Schicksal von Flüchtlingen mit dem Schicksal derer zu vergleichen, die hierzulande gesichert leben, um sich die kontingenten Bedingungen zu verdeutlichen, unter denen wir uns in unserem Leben um Selbstbestimmung bemühen. Deshalb ist es genauer, von einer Selbstbestimmung im Leben als von einer Selbstbestimmung über das Leben zu sprechen.«

In fast ebenso voluminöser und ebenso sichtbarer Dimension plädiert der andere Theologe in derselben Zeitung »die Idee der Selbstbestimmung« sei der »falsche Ratgeber«. »Dass sich so mancher wünscht, seinem Leben ein Ende zu setzen«, schreibt er, »und dafür um eine Hilfestellung bittet, erwächst nicht nur aus einer narzisstischen Kränkung heraus, sondern auch aus der Ohnmacht gegenüber dem eigenen Leiden.« Reflexhaft scheint hier ein Motiv auf, das bei allem Rekurs auf die Unverfügbarkeit des Lebens und bei aller Betonung des Widerfahrnisses eine geradezu heldische Position verlangt: diese Ohnmacht zu überwinden – und zwar durch Rekurs auf Bezüge, auf Kommunikation, auf Begleitung usw. Dagegen ist nichts, aber auch gar nichts zu sagen. Auffallend ist nur, wie autoritär am Ende diejenigen argumentieren, die auch die existenziellen Dinge, hier sogar die letzten, einer Entscheidungsfähigkeit überlassen wollen, die im Ergebnis fast notwendigerweise auch Entscheidungen jenseits jener bürgerlichen Idee des »richtigen« Sollens hervorbringt.

Tiefenschärfe

Der hier wirksam werdende Reflex beziehungsweise Selbstauslöser bringt in klassischer Weise das grundlegende bürgerliche Bezugsproblem auf den Begriff. Wenn Freiheit realisiert werden will, dann muss die Bandbreite möglicher Entscheidungen eingeschränkt werden. Das lässt sich nirgendwo deutlicher sehen als an diesem Thema, dessen Besonderheit darin besteht, dass in einem Bereich, in dem die Freiheit des Menschen maximal eingeschränkt wird und die Welt als Widerfahrnis erlebt wird, Verhaltensunsicherheit entsteht.

Die bio-/medizinethische Diskussion der letzten Jahre hatte darauf zu reagieren, dass viele der am Krankenbett zu treffenden Entscheidungen sich nicht mehr mit dem Eigensinn des medizinischen Zugzwangs begründen lassen. Dieser Zugzwang ist übrigens eher ein Ausdruck der Erfolge medizinischer Möglichkeiten, weniger ihrer Misserfolge. Die Überlebensraten bei schweren Erkrankungen erzeugen Konfliktlagen, die bis dahin nicht so sichtbar wurden – und in einer Gesellschaft, in der die asymmetrische Beziehung zwischen Experten und Laien auch in anderen Bereichen immer erklärungsbedürftiger wird, erhöht sich noch die Ungewissheit des Entscheidungsalgorithmus. Genau deswegen werden der Wille des Patienten und seine Autonomie zu einer normativen Kategorie – nicht weil damit klarere Entscheidungen zu treffen sind, sondern sich die Entscheidungsunmöglichkeit aus allein medizinischer Perspektive unsichtbar machen lässt. Zuvor war die Autonomie des Patienten eine störende Kategorie, jetzt wird sie zum argumentativen Hoffnungsträger – weil die legitimste Kategorie der Eigensinn des Betroffenen sein muss.

Exakt hier setzen die öffentlichen Reflexe an: Autonomie der Entscheidung wird gefordert und gefördert, reziproke Abwehrreflexe werden ausgelöst. Ein Katalysator in der Diskussion waren Talkshowauftritte eines früheren Intendanten einer öffentlich-rechtlichen Rundfunkanstalt, der, keineswegs moribund, nach einem Unfall schon sehr lange an den Rollstuhl gebunden ist und, wie öfter von ihm betont, die Erwartung eines weiteren Lebens, in dem er vollständig auf Hilfe von außen angewiesen sein wird, nicht akzeptieren wollte. Diese Frage hat er als öffentlicher Sprecher immer wieder mit der Forderung nach ärztlicher Hilfe zum Suizid begründet, um »unwürdige« Todesarten zu verhindern. Er hat sich dann wenige Tage nach einem seiner viel beachteten Auftritte das Leben genommen – ohne ärztliche Hilfe übrigens, sondern mithilfe einer Schusswaffe.

Zum Dreh- und Angelpunkt der Debatte wurde dieser Fall deshalb, weil hier jemand sehr selbstbewusst für das Selbstbestimmungsrecht des Patienten stritt und sein Verhalten als Beispiel dafür zitiert wurde, dass es ein zu einfacher Ausweg ist, sich den Unebenheiten des Lebens nicht »wirklich« zu stellen. Das Ostentative dieses Verhaltens war geradezu ein Geschenk für solche Sprecher, die ganz im Stile der erwähnten Theologen die Ernsthaftigkeit und Angemessenheit einer allzu freien »Selbstbestimmung« infrage stellen.

Ein anderer, ebenfalls ostentativer Fall, war der öffentlich inszenierte Suizid der krebskranken 29-jährigen attraktiven und fotogenen Frau, die sich wenige Tage nach dem Intendanten im US-Bundesstaat Oregon das Leben nahm, medial begleitet und durchaus inszeniert. Zur Erläuterung: Der »Death with Dignity Act« in Oregon erlaubt die ärztliche Begleitung des Suizids sowie die Ausstellung von Rezepten für tödliche Medikamente. In einem viel gelesenen deutschen Zeitungsartikel heißt es dazu: »Die mediale Aufbereitung erinnert an Homestorys der B-Prominenz: Bilder vom Hochzeitspaar in den kalifornischen Weinbergen, von ihrem Ehebett, vom Familienausflug zum Grand Canyon« usw. Besonders deutlich: »Von Todesangst keine Spur, nicht einmal von Krankheit. Die Rede ist nur von Liebe und positiver Energie.«

Dass es sich um eine interessengeleitete Medienstrategie handelt, was im Übrigen für alle gilt, die medial zu dem Thema hörbar sind, sei konzediert. Interessant ist aber, wie reflexhaft die Rollenerwartung an den Sterbenden und Leidenden ist. Rollen, so sagt es die Soziologie, sind reziproke Verhaltenserwartungen. Reziprok – das heißt, dass die unterschiedlichen Erwartungen von allen Beteiligten geteilt werden sollen. Man will also durchaus den sprechenden Sterbenden, aber er sollte schon das Richtige sagen. Wenn das nicht der Fall ist, erscheint die Freiheit illegitim, vielleicht besonders bei einer gut aussehenden jungen Frau – und damit auch das Anliegen selbst, das offensichtlich ein großer Teil der Bevölkerung teilt und deshalb rechtlich neu geregelt werden sollte. Freilich ist bis dato noch gar nicht von derjenigen Sozialfigur die Rede gewesen, um die sich die ganze Debatte dreht, nämlich von der besonderen Rolle der Ärzte.

In der Talkshow mit dem Intendanten saß auch einer der wichtigsten Ärztefunktionäre des Landes, dessen Position sich ganz einfach in dem immer wieder geäußerten Satz, der Arzt dürfe nicht zum »Tötungsmedikamentenbeschaffer« degradiert werden, zusammenfassen lässt. Es sind vor allem die Landesärztekammern, die, uneinheitlich und mit unterschiedlicher Deutlichkeit, ihren Mitgliedern die ärztliche Unterstützung beim Suizid erlauben. Unterstützung bei der Selbsttötung von Patienten, so auch die bundesweite Standesorganisation, sei keine ärztliche Aufgabe. Wiederum reflexhaft kommt es in der Debatte nachgerade zu einer Mystifizierung des Ärztlichen. Nach Jahrzehnten einer geradezu übertriebenen, im klassischen Sinne herrschaftskritischen, darin oft überschießenden Debatte über die Machtstellung des Arztes, die Suprematieansprüche des ärztlichen Berufs und mangelnde Partnerschaft zwischen Arzt und Patient lässt sich eine öffentliche Meinung diagnostizieren, die das Vertrauensverhältnis zwischen Arzt und Patient als grundlegende Voraussetzung einfordert. Umfragen zeigen, dass sich (potenzielle) Patienten gerade die Ärzte als Gesprächspartner wünschen – durchaus ein großer Vertrauensbeweis. In dieser Stimmung schreibt ein Onkologe und Palliativmediziner an prominenter Stelle über die quasi-natürliche »asymmetrische Beziehung zwischen Arzt und Patient« Folgendes: »Was gemeint ist, wird einsichtig im Blick auf andere, allgemein akzeptierte Verbote, Intimität zu überschreiten. So ist das in professionellen Richtlinien und Aussagen der Ärzteschaft festgeschriebene Verbot unbestritten, mit eigenen Patienten sexuelle Beziehungen zu unterhalten. Es wird begründet mit der Asymmetrie der

Arzt-Patienten-Beziehung, der damit einhergehenden Gefahr verdeckter Abhängigkeiten und dem Risiko des Missbrauchs der Rolle ärztlicher Autorität. Dieses Verbot gilt unbedingt und ungeachtet einer möglichen Zustimmung der Patienten. Es ist aber absurd, mit Zustimmung erfolgende sexuelle Handlungen an Patienten für nicht mit der ärztlichen Ethik vereinbar zu halten, doch die Hilfe bei der Tötung als Freundschaftsdienst zu deuten. Die Beachtung von Intimitätsgrenzen gehört zur professionellen Identität der Ärzte.«

Sehr deutlich werden hier Anleihen an dem erotischen Motiv vom »Tod und das Mädchen« gemacht, wie es seit dem 16. Jahrhundert in Malerei, Literatur und Musik immer wieder aufgegriffen wird. Zugleich wird sehr direkt in Abrede gestellt, dass des Patienten Wille ohne Verführung zustande kommen kann und der Arzt gerade bei diesem Thema jener symmetrische Partner sein könnte, als der er offensichtlich in den meisten Erwartungen vorkommt. Wie absurd die sexuelle Parallele ist, kommt schon darin zum Ausdruck, dass Sexualität die Symmetrie aufhebt, wohingegen im helfenden Arzt die Asymmetrie – nur der Patient stirbt, nicht aber der Arzt – bereits eingebaut ist. Diese unaufhebbare, sexueller Intimität zuwiderlaufende Konstellation ist es, die die Professionalität des Arztes ausmacht.

Der Reflex scheint darin zu bestehen, dass das Arzt-Patienten-Verhältnis mystifiziert wird. Ein in der Debatte deutlich sichtbar gewordener Medizinethiker schreibt, es bestehe »die Gefahr, dass die ärztlich assistierte Patientenselbsttötung in der gesellschaftlichen Debatte symbolisch überhöht und instrumentalisiert wird. Grundsätzliche Befürchtungen und Fehlentwicklungen wie die Ökonomisierung des Gesundheitswesens, der Verlust von Sorge, Pflege und Zuwendung, die Entsolidarisierung der Gesellschaft durch einen Abbau von Gesundheits- und Sozialleistungen sowie wachsende Unterschiede zwischen Arm und Reich werden auf die ärztlich assistierte Selbsttötung projiziert. Auf diese Weise sollen Missbrauchsgefahren beschworen werden, für die es keine empirischen Hinweise gibt.« Diese in der Debatte immer wieder vorkommende, zum Teil den bekannten Motiven einer entpersönlichten, von ökonomischen Interessen dominierten Medizin folgende Position verlagert das Problem auf eine andere Ebene und enthält sich dann einer offensiven Stellungnahme. Deshalb nimmt die Palliativmedizin auch so etwas wie eine Ankerposition ein, weil sie gewissermaßen gegen die ärztliche Suizidassistenz ausgespielt wird: Wo eine professionelle palliative Betreuung möglich sei, komme es gar nicht erst zu unangemessenen Suizidwünschen. Damit wird gerne das Ende der Debatte reklamiert, weil man so die Diskussion als bloßen Ausdruck einer falschen Medizin beschreiben kann, die letztlich keine weitere Regulierung braucht. Diese Moralisierung der Palliativmedizin ist dann der letzte Reflex, vor dem jedes weitere Argument nur noch als Zurückweichen vor der Kritik am ökonomisierten Gesundheitswesen und seinen Fehlentwicklungen angesehen werden kann.

Tiefenschärfe

Das Arzt-Patienten-Verhältnis gehört in seiner Besonderheit zu den klassischen Konstellationen zwischen Professionellen und Klienten. Klassische Professionen wären Priester, Juristen, Anwälte – also Positionen, die existenzielle Aspekte des menschlichen Lebens bearbeiten: der Priester die Frage von Endlichkeit,

Schuld und Vergebung, der Jurist die Frage der Gerechtigkeit und des Interessenausgleichs, der Arzt die Frage der körperlichen und psychischen Integrität, des Schmerzes und Leidens. Alle drei Professionen betreffen ganz unmittelbar die persönliche Lebensführung. Sie sind Gute-Gründe-Lieferanten, weil sie die Klienten mit vernünftigen Argumenten und Lösungen sowie mit autoritativen Handlungsanweisungen ausstatten, auf die sie in aller Vernunft auch selbst kommen sollen. Letztlich sind sie das Scharnier zwischen Wollen und Sollen – auch deshalb sind es nicht zufällig Theologen, die in der Debatte die mangelnde Ernsthaftigkeit und Authentizität von Todeswünschen beklagen, und nicht zufällig Ärztefunktionäre, die die Autonomie der Patienten wenn nicht infrage stellen, so doch wenigstens die Ärzteschaft nicht durch falsche Autonomieforderungen kontaminiert sehen wollen.

Das ist der Hintergrund von Reflexen, die Situationen ausblenden, in denen professionelles Handeln allein Selbsttötungen, die als Tor zu einer dann aktiven Euthanasiepraxis angesehen werden, nicht verhindern kann. Das Thema der Vernichtung lebensunwerten Lebens durch den Nationalsozialismus spielt hier direkt und indirekt hinein. Die Palliativmedizin ist deshalb jener Kulminationspunkt der Debatte, weil sie ihrerseits den Vorteil hat, dass sie der Dethematisierung des Lebensendes zuwiderläuft, zugleich aber suggeriert, man könne damit alles kontrollieren – alles meint vor allem: die Intentionen und Aspirationen von Patienten. Die Palliativmedizin ist sehr erfolgreich darin gewesen, im modernen Medizinsystem nicht nur professionelle Standards bei der Überwachung und Kontrolle von sterbenden Patienten zu etablieren – weit über bloße Schmerzbehandlung hinaus. Sie hat zugleich den sprechenden Sterbenden etabliert, dessen Wünsche und dessen Selbstkontrolle zu einem entscheidenden Kriterium für die Qualität der Behandlung geworden sind – in einer Situation, die Autonomie geradezu infrage stellt. Zugleich aber wird sie damit wieder selbst – zumindest in der Debatte – zu einem technischen Kulminationspunkt, der die Frage nach dem Todeswunsch von schwerkranken Patienten delegitimiert.

Reflexe

Vor diesem Hintergrund wird in der öffentlichen Diskussion der Wunsch nach Suizidassistenz allenfalls als absoluter Ausnahmefall zugelassen – und damit begründet, dass es nichts zu regeln gibt. Genau hier kommt der eigentliche Regelungsbedarf zum Vorschein. Vor der gesetzlichen Neuregelung (und auch danach, aber dazu später mehr) gab es vor allem drei Risiken für Ärzte, die sich für Suizidassistenz entscheiden: *Erstens* die Garantenstellung, das heißt, ein Arzt kann zwar ein tödliches Mittel überreichen, muss aber spätestens in dem Moment, in dem der Suizidant bewusstlos/handlungsunfähig ist, Hilfe leisten, weswegen er gezwungen ist, sich vor Eintreten dieser Situation zu entfernen; *zweitens* das Betäubungsmittelgesetz, das es nicht erlaubt, entsprechende Substanzen für Suizidassistenz einzusetzen; *drittens* berufsrechtliche Konsequenzen in einigen Ärztekammern, die bis zur strafrechtlichen Verfolgung und zum Verlust der Approbation reichen.

Es sind diese drei Risiken, die ausschlaggebend dafür sind, dass es zu einer gesetzlichen Neuregelung kommen sollte. In der Debatte wurde dies immer wieder betont und diskutiert –

freilich gab es auch einen interessanten Reflex: Um das Außergewöhnliche der Situation zu betonen, wurde das ärztliche Risiko als Kontrollmechanismus eingesetzt. Eine besondere Rolle spielte dabei neben anderen ein Rechtsanwalt und Journalist. Er meint, dass Ärzte durchaus auch ohne weitere rechtliche Regelung ein offenes Ohr für die Wünsche ihrer Patienten haben könnten. Aber: »Das ist keine Frage gesetzlicher Regelungen, sondern ärztlicher Behandlungs- und Gesprächskultur. Der Suizid, den Jean Améry als einen Akt des Hand-an-sich-Legens beschrieben hat und der zugleich eine radikale, nur dem Handelnden verständliche Absage an die Gesellschaft darstellt, würde durch einen gesetzlich befürworteten assistierten Suizid zu einer auf Vertragsbasis ausgeführten medizinischen Dienstleistung trivialisiert. Die Prozeduralisierung, die Schutz vor Missbrauch gewährleisten soll, bewirkt eben immer auch einen Gebrauch des neuen Instruments, der nicht weniger schlimm erscheint. Der ärztlich assistierte Suizid sollte deswegen nicht auf ein Gesetz gestützt werden, sondern eine absolute Ausnahme bleiben, die der Arzt dann gegebenenfalls auch als solche zu verantworten hat.« Die Gefahr der »Trivialisierung« wird hier beklagt – angemessenes Sterben, besser: angemessenes Sterben von eigener Hand sei nur denkbar als etwas, das in Absage an die Gesellschaft in Einsamkeit zu vollführen sei – man muss hinzufügen: in heroischer Einsamkeit. Ohne diese Heroisierung der Tat werde sie zu einer vertraglich gesicherten Leistung und deshalb wertlos. Doch nicht nur der Sterbende möge ein Heros sein, sondern auch der Arzt, der seine Unterstützung dann auch selbst und einsam zu verantworten habe und sich nicht auf ein Mandat der Gesellschaft berufen könne.

Das ist eine starke ethische Anforderung. Sie bewegt sich im Bannkreis des Herrenzimmers der bürgerlichen Gesellschaft, in der Helden die Eigentlichkeit ihrer selbst finden. Diese Position ist konservativer als die konservativen Forderungen nach dem Verbot des ärztlich assistierten Suizids. Sie heroisiert noch in der Kritik des Ärztlichen das Ärztliche selbst, sie verlangt ein intimes Verhältnis zwischen Arzt und Patient. Der Arzt soll ebenfalls ein existenzielles Risiko eingehen, damit jeglicher Banalisierung des Todes entgegengewirkt werden kann. Auch dieser Position geht es um die grundlegende Delegitimierung des Wunsches nach einem Ausweg aus extremem Leiden und fachkundiger Hilfe durch einen Arzt. Dann ist es das Fachkundige, das den Arzt delegitimiert, weil er eben nicht existenziell, sondern professionell handelt. In einem anderen Text schreibt jener Anwalt und Journalist: »Der Tod kann dann ohne weitere Umstände in die Hände von Fachleuten gelegt werden, die ihren Richtlinien und Empfehlungen folgen, ihre Gebührenziffern abrechnen und aus dem Skandal, dass ein Mensch nicht mehr leben will, einen routinierten Behandlungsvorgang machen.« Banalisierung – Routine – Trivialisierung, ein reflexhafter Dreiklang.

◀ Tiefenschärfe

Nicht leicht haben es in diesem Drehbuch Positionen, die zum einen den empirischen Befund ernst nehmen, dass es immer wieder zu Zwangslagen kommt, in denen sich Patienten trotz guter Betreuung, trotz Palliativmedizin und trotz womöglich anderer Möglichkeiten vertrauensvoll an ihren Arzt oder ihre Ärztin wenden, gleichzeitig gerade die Routinisierung und die Erwartungssicherheit rechtlicher Regeln eine zivilisierende Funktion haben können. Es geht dann darum, einerseits den Realitäten Rechnung zu tragen, andererseits auch Lösungen für Nicht-Helden vorzusehen. Rechtliche Regeln sind stets eher postheroische Lösungen. In besonderer Weise hat sich in der Debatte im Vorfeld eine Gesetzesinitiative eines Juristen und eines Medizinethikers um den vielleicht prominentesten, inzwischen in der Schweiz arbeitenden Palliativmediziner Deutschlands hervorgetan. Diese Gesetzesinitiative war es, gegen die der besagte Anwalt und Journalist sein heroisches Argument stark gemacht hat. Der Entwurf sah vor, dass die Autonomie des Patienten in einem Gespräch mit dem Arzt ermittelt werden soll, der Patient an einer unheilbaren, zum Tode führenden Krankheit leidet, über andere Möglichkeiten aufgeklärt wird, ein zweiter Arzt hinzugezogen wird, der seine Prüfung schriftlich niederlegt, und zwischen dem Verlangen nach Beihilfe und der Beihilfe mindestens zehn Tage liegen müssen.

Es soll hier nicht die Lösung diskutiert werden, sondern dies: In dem Drehbuch um die Debatte »ärztlich assistierter Suizid« ist dieser Entwurf gewissermaßen die Antwort auf die heroische Deregulierungsthese. Hier wird alles reguliert – was durchaus zu einer stärkeren Erwartungssicherheit führt und vor allem einer Kriminalisierung der Ärzte bei gleichzeitiger Selbstkontrolle ihrer Tätigkeit entgegensteht. Zugleich reagiert auch dieser Entwurf auf die sehr paternalistischen Zweifel, dass der geäußerte Wille wirklich angemessen ist. Er ist eine postheroische Variante des paternalistischen Arztes, in dessen Funktion alles zusammengeführt wird.

Betrachtet man die »Ziele des Gesetzesvorschlags«, wird deutlich, dass die vertretene Position gerade an der Bearbeitung von unaufhebbaren Wertkonflikten ansetzt. Genannt werden: »Respekt vor der Autonomie des Patienten«, »Fürsorge durch ärztliche Beratungspflicht«, »Schutz vor sozialem Druck«, »Suizidprävention« und »Vermeidung einer Freigabe der Tötung auf Verlangen«.

Was ist das Besondere dieses Vorschlages? Zunächst versucht er, die unterschiedlichen Ansprüche und Logiken zusammenzuführen. Das Besondere war auch, dass er manche Teile des Drehbuchs in der Debatte infrage gestellt hat. Hier hat ein prominenter Palliativmediziner konzediert, dass es trotz bester Betreuung zu Situationen kommen kann, in denen das Leben für den Betroffenen wirklich unerträglich wird, was in dem Entwurf mit zum Teil drastischen Worten erläutert wird. Die Lösung freilich folgt dann doch jenem Drehbuch, nach dem alles in der Sozialfigur des Arztes kulminiert. Das galt schon für die theologische Kritik an der Ernsthaftigkeit und Angemessenheit von Selbstbestimmung, weil dort besonders auf die kommunikativen Bezüge abgestellt wird – der Arzt als Gesprächspartner. Das gilt erst recht für das standesrechtliche Selbstverständnis, all das sei keine ärztliche Aufgabe, und erst recht gilt es für die heroische Position.

Aber auch die Kritik all dieser Positionen sieht den Arzt nicht einfach als ausführendes Organ eines Patientenwillens, sondern als Zentrum, als aktives Zentrum des Geschehens. Der Arzt ist der Dreh- und Angelpunkt des Vorschlags, der im Kern die Voraussetzungen für die Rechtmäßigkeit einer Beihilfe zum Suizid darlegt. Dabei ist der Status der Autonomie besonders interessant. Freiwilligkeit der Sterbewilligen ist hier nämlich nicht nur etwas, das vom Arzt geprüft werden muss, sondern etwas, das sich im Sinne des Gesetzentwurfs erst als Produkt ärztlicher Intervention interpretieren lässt: Erst in Auseinandersetzung mit dem Arzt, im »persönlichen Gespräch«, nach »persönlicher Untersuchung« und nach einer palliativmedizinischen Aufklärung durch den Arzt, die »umfassend und lebensorientiert« sein muss, kann, gemäß dem Entwurf, Patientenautonomie entstehen. Auf den Punkt gebracht: Der Arzt ist hier nicht nur der Garant einer selbstbestimmten Entscheidung des Patienten, sondern geradezu die Quelle dieser Autonomie! Es ist eine ärztlich gestaltete Autonomie, was in der Debatte durchaus registriert wurde und interessanterweise folgenden Reflex auslöst, den der zweite der genannten Theologen formuliert: »Wer dieses Verfahren übersteht, der handelt in jedem Falle affektfrei. Aber ob ihm der Wunsch nach Suizid erfüllt wird, entscheiden andere. Deshalb wäre eine mögliche gesetzliche Regelung zum assistierten Suizid nur ein Durchgangsstadium zur Forderung nach Tötung auf Verlangen.« Das ist eine interessante Volte, dass jene Position, die der Selbstbestimmung grundsätzlich misstraut, nun bemängelt, es sei nicht selbstbestimmt genug und deshalb das Einfallstor für die aktive Sterbehilfe, die in der gesamten Debatte keine Rolle gespielt hat.

Reflexe

Die Debatte hat zu keiner Lösung geführt. Weder konnte sich der soeben erwähnte arztzentrierte Entwurf durchsetzen, dessen Hauptanliegen eine Parlamentariergruppe um CDU- und SPD-Abgeordnete sich zu eigen gemacht hatte. Noch konnte sich ein völliges Verbot jeglicher Suizidbeihilfe durchsetzen. Am Ende wurde kaum etwas neu geregelt, sodass die meisten

Rechtsunsicherheiten weiter bestehen. Interessant ist aber ein Reflex, der es ermöglicht hat, das Problem zu entscheiden, ohne es zu entscheiden. Im Drehbuch tauchte ein neuer Erzählstrang auf, der am Ende alles andere überlagerte, nämlich der Hinweis auf das Geschäftsmäßige. Der zum Zuge gekommene Gesetzentwurf heißt denn auch »Gesetz zur Strafbarkeit der geschäftsmäßigen Förderung der Selbsttötung«, der mit 360 von 602 abgegebenen Stimmen angenommen wurde. Nachdem die Debatte nicht weiterkam, kaprizierten sich die Argumente immer mehr auf den Punkt, dass Suizidbeihilfe – von ärztlicher oder sonstiger Seite – nicht gewerblich oder geschäftsmäßig sein dürfe. Darüber freilich gab es keinerlei Dissens – zumal auf »Freitodbegleitung« spezialisierte Vereine wie Dignitas und Exit in der Schweiz einer der Ausgangspunkte für die Debatte waren. Dass Deutsche, die Hilfe beim Suizid erwarteten, in die Schweiz reisen mussten, galt als einer der kritikwürdigen Zustände, der in der Debatte stets als ein gemeinsamer Horizont fungierte. Der Reflex »Ökonomie« geht immer, und die Kombination von Tod und Geld ist geradezu explosiv. Deshalb war das der kleinste gemeinsame Nenner am Ende einer Debatte, die keine Lösung gebracht hat, weil die professionellen Affekte gegen Selbstbestimmungsansprüche ebenso groß waren wie die Skepsis gegenüber einer starken Regulierung.

Abblende

Am Ende blieb alles beim Alten – oder wurde noch schwieriger. Vielleicht ist das grundlegende Element öffentlicher Debatten, in denen es keinen Lösungshorizont gibt, auf Ersatzprobleme auszuweichen, hier freilich verbunden mit erheblichen Konsequenzen. Was sich harmlos in dem Sinne anhört, dass es keine gewerbsmäßige und geschäftsmäßige Hilfe beim Sterben geben soll, entpuppt sich im Nachhinein als Verschärfung der vorherigen Regelung. Geschäftsmäßigkeit und Gewinnorientierung sind zwei unterschiedliche Dinge. Geschäftsmäßigkeit ist auf Wiederholung angelegt, sodass ein Arzt, sobald er Suizidassistenz wiederholt, nun einem vierten Risiko ausgesetzt ist, nämlich dass ihm geschäftsmäßiges Verhalten unterstellt werden kann, das nun unter Strafe steht. Das macht ein gutes Drehbuch aus – dass es zu Volten kommt, die man nicht erwartet hätte und die von der Struktur her dann doch im Bereich des Erwartbaren liegen.

Die schönste Volte freilich verdankt die Debatte jenem Palliativmediziner, der den arztzentrierten und stark regulierten Gesetzentwurf angestoßen hat. Noch am Tag der Entscheidung im Bundestag, im November 2015, sagte er in einem Radiointerview, nachdem er auf die paradoxen Folgen der Geschäftsmäßigkeitsbestimmung hingewiesen hat, dass man die gefundene Lösung politisch verstehen müsse. Nachdem die Kanzlerin im Laufe des Jahres mit ihren Entscheidungen in der Flüchtlingskrise gerade in den konservativen Kreisen ihrer Partei unter Druck stand, konnte sie mit diesem Thema den konservativen Gegnern jeglicher Liberalisierung der Sterbehilfe »ein Zuckerl« hinwerfen, das am Ende auch nichts kostete. Wir wissen nicht, ob diese Interpretation stimmt – sie klingt aber zumindest deshalb nicht ganz unplausibel, weil sie einem bekannten Muster folgt, das zum Drehbuch moderner Gesellschaften unhintergehbar dazugehört: dass politische Entscheidungen nicht nur einen Sachaspekt zur Lösung von Problemen haben, sondern eben auch den Aspekt, dass jede Sachlösung auch politische Probleme lösen muss.

Reflexe zum Buch!

TITEL

Eine Frage der Aufmerksamkeit

UNTERTITEL

Nachklapp

SZENE

So oder ähnlich zu lesen in einer überregionalen Tageszeitung:

»*Deutschland. Ein Drehbuch* – der Titel klingt nach Verschwörungstheorie. Man erwartet Lügenpresse, Lügenwissenschaft, Lügenparteien usw., womöglich eine politisch inkorrekte Kritik der *political correctness*. Ein Drehbuch, geschrieben hinter verschlossenen Türen und zur Anwendung gebracht, um die wirklichen Sorgen und Ängste der Menschen nicht ernst zu nehmen. Nichts davon wird hier geboten. Was die Autoren vielmehr versuchen, ist nichts weniger, als nachzuweisen, wie eindeutig und routiniert Akteure im öffentlichen Raum ihre Rollen spielen, wie erwartbar ihre Reaktionen sind und wie reflexartig diskutiert wird. Dabei bekommt jeder sein Fett weg: der linksliberale Mainstream ebenso wie rechte Angsthasen; intellektuelle Mandarine ebenso wie der gesunde Menschenverstand; Wohlmeinende ebenso wie Übelwollende. Der angeschlagene Ton ist weder selbstgerecht noch parteiisch, eher ist er geprägt von einer gelassenen Distanz, aus der heraus die öffentlichen Diskurse und Aufgeregtheiten und Reflexe unaufgeregt und reflexfrei nachgezeichnet werden.

Die beiden Autoren haben sich dafür ganz unterschiedliche Themen gewählt: die Diskussion um Führungskonzepte ebenso wie die über Big Data, die Flüchtlingskrise, Gerechtigkeitskonzepte im wohlfahrtsstaatlichen Kontext, Steuer- und Vermögenspolitik bis schließlich zur Debatte um den ärztlich assistierten Suizid. Die Themen werden stets nach demselben Schema abgehandelt – es werden Selbstauslöser und Reflexe dokumentiert, die dann in tiefenscharfen Analysen seziert werden. Die Einsichten sind manchmal gewagt, aber immer überraschend. Bemängeln kann man allenfalls, dass die Autoren kaum Stellung beziehen. Vielleicht liegt darin der Kunstgriff, der ihren Beitrag unterscheidet von den Diskursstrategien, die hier analysiert werden.

Ein Kunstgriff der besonderen Güte ist, dass in dem Buch keine Namen genannt werden. Die zitierten Akteure werden nur andeutungsweise genannt, niemals aber mit Namen. Das soll wohl performativ ausdrücken, dass es um typische Diskurse und Argumentationslinien geht, nicht um konkrete Leute. Und wem es gefällt, der kann das Rätsel versuchen zu lösen – oft ist es sehr einfach zu erschließen, wer konkret gemeint ist, in einigen Fällen auch nicht. Mit genannten Namen jedenfalls wäre nicht so deutlich geworden, wie reflexhaft und austauschbar diese Leute sind, von denen hier die Rede ist. Was die Autoren freilich am meisten auszeichnet, ist ihr Gestus, der ganz ohne die Attitüde, die besseren Lösungen vorhalten zu wollen, auskommt. Das muss man sich erst mal leisten können.

Kurios an dem Buch ist übrigens, dass es zwei Rezensionen, eine positive und eine negative, gleich mitliefert – Rezensionen, wie sie im Drehbuch entsprechender Debatten geradezu austauschbar vorgesehen sind. Das ist nicht nur ein großzügiger Service, sondern auch von übernatürlicher Merkwürdigkeit. Eine davon ist textidentisch mit dieser.«

So oder ähnlich zu lesen in einer Wochenzeitschrift:

»Ein Buch, das behauptet, im öffentlichen Raum passiere nichts Neues mehr, ist natürlich selbst schon der Schnee von gestern, den es leise rieseln lässt. Es ist zwar beeindruckend, wie die beiden Herausgeber des *Kursbuchs* die Mechanik öffentlicher Diskurse freilegen. Und man kann ihnen durchaus mit intellektuellem Genuss zusehen, wie akribisch und detailverliebt sie an offenen Debattenherzen herumoperieren. Am Ende aber befällt den Leser in jedem Kapitel ein Verdacht: Es könnte alles auch anders sein. Weshalb beide Autoren wahrscheinlich heftig nickend dem berühmten Satz Wittgensteins zustimmen würden: Die Welt ist alles, was der Fall ist. Es komme nur darauf an, so der berühmte Philosoph, die Tatsachen und Verbindungen freizulegen. Was wiederum auf die berühmte Perspektivendifferenz moderner Gesellschaften verweist. Und auf ihr Mantra: Je differenzierter eine Gesellschaft ist, desto kontingenter ist sie. Kontingenz bedeutet: Alles kann anders sein, als es ist. Je nach Beobachterperspektive. Der Gegenstand der Gesellschaftstheorie besteht deshalb für die Autoren darin, die wechselseitigen Beobachtungsverhältnisse der gesellschaftlichen Wirklichkeiten und die Beziehungen und Beziehungsmöglichkeiten untereinander zu untersuchen.

Was aber gewinnt man dadurch? Zunächst nicht viel, außer, eine überbordende Komplexität in jedem Diskurs festzustellen. Noch dazu eingeklemmt in die Zwangsjacke erwartbarer Reflexe und Reaktionen. Hier stellt sich die Frage jedes guten Filmregisseurs: Wo bleibt die Moral, wo bleibt das Sentiment, wo bleibt das pralle Leben? Was nämlich in den Herzen der Opfer und Täter vor sich geht, ist dieser Denkfigur von Deutschland-

Drehbüchern völlig fremd. Wenn Flüchtlinge etwa in Containern zwischengelagert werden, Hartz-IV-Betroffene bei Behördengängen gedemütigt oder Todkranke ärztlich begleiteten Selbstmord begehen, ihre Gefühlswelten findet man nicht in diesem – und es sei nochmals betont – klugen Büchlein. Ein großes Defizit: Die Gefühle hinter den rationalen Fassaden der Gesprächskulturen sieht man nicht. Sie offenzulegen wäre aber der tiefere Sinn eines guten Drehbuchs. Darin läge sogar die besondere Tiefenschärfe, und nicht, wie es die Autoren tun, im Freilegen tieferer Sedimentschichten im harten Theoriegneis der Ideengeschichte.

Und so liegt die Krux dieses Buches darin, dass es in die gleiche Falle tappt, die ihre einzelnen Drehbücher eigentlich vermeiden wollen: die Kontingenz auf eine einzige Logikspur zu verdichten und damit letzte Wahrheiten zu produzieren. Was die Autoren sicher heftig kopfschüttelnd ablehnen würden. Nur, jetzt zappeln sie erst recht im eigenen Spinnennetz. Denn alle Diskurse versuchen, sich medial immer wieder zu aktualisieren und dadurch neuen Sinn zu stiften. Soziologisch gesehen geht es im täglichen Medienpoker um das ständige Neuarrangieren der Unterscheidung von Aktualität und Möglichkeit, um das fortlaufende Aktualisieren von Möglichkeiten. Diesen eigenen Anspruch leugnen die Autoren mit ihrer Einbetonierungsthese gesellschaftlicher Debatten.

Fazit: Daumen nach unten, wenn der Zeigefinger erhoben wird. Obwohl man ja sagen muss, die Kaskaden öffentlicher Erregung und Dramatisierung hat man in den letzten Jahren selten so messerscharf seziert gelesen. Aber Gefühle, Männer, müsst ihr noch zeigen!«

Zwei Angebote zum Schluss:

1

Die Diskussionen gehen (hoffentlich) weiter, Erregungen jeglicher Art inbegriffen. Für Reaktionen in Form von Kritik, Fragen, Mutmaßungen, Erwartungen, Vorschlägen und dergleichen Erwartbarem mehr stehen wir, die Autoren, gerne zur Verfügung. Das Drehbuch geht weiter.
(E-Mail-Adresse siehe unten)

2

Wenn Sie alle in diesem Buch wörtlich zitierten Personen erraten haben, können Sie uns Ihre Liste der Namen zuschicken. Bei korrekter und vollständiger Auflistung erhalten Sie ein *Kursbuch* Ihrer Wahl (von Nr. 170 bis heute). Vergessen Sie deshalb nicht, in Ihrer Antwort das gewünschte *Kursbuch* sowie Ihre Postanschrift anzugeben.
Ihre Zuschrift unter dem Stichwort
»Drehbuch. Liste der Namenlosen« bitte per E-Mail an:
felixberger@murmann-publishers.de

Bibliografische Information der Deutschen Nationalbibliothek
Die Deutsche Nationalbibliothek verzeichnet diese Publikation in der Deutschen Nationalbibliografie; detaillierte bibliografische Daten sind im Internet über http://dnb.d-nb.de abrufbar.

kursbuch.edition
Herausgeber: Peter Felixberger, Sven Murmann, Armin Nassehi
Lektorat: Evelin Schultheiß, Ahrensburg
Druck und Bindung: Kösel GmbH & Co. KG, Altusried-Krugzell
Printed in Germany

ISBN 978-3-946514-17-6

Besuchen Sie uns im Internet: https://kursbuch.online
Ihre Meinung zu diesem Buch interessiert uns!
Zuschriften bitte an kursbuch@kursbuch.online